Klasse 3

Ulrike Stolz & Lynn-Sven Kohl

Der Leseprofi

3

Fit durch Lesetraining!

Intensives Training des sinnerfassenden Lesens

Der Leseprofi

Fit durch Losetraining / Klasse 3

6. Auflage 2026

Texte & Gestaltung: Ulrike Stolz, Lynn-Sven Kohl
Coverbild: © by-studio - AdobeStock.com
Redaktion: Kohl-Verlag
Grafik & Satz: Kohl-Verlag
Druck: Druckhaus Flock, Köln

Bestell-Nr. 16 763

ISBN: 978-3-98841-103-7

Kontakt: Kohl-Verlag, An der Brennerei 37-45, 50170 Kerpen
Tel: +49 2275 331610, Mail: info@kohlverlag.de

Inhalt

Der Leseprofi / Klasse 3
Intensives Training des sinnerfassenden Lesens – Bestell-Nr. 16 763

Vorwort

Profi! Wie wird man das?

Das ist eine berechtigte Frage. Und dann auch noch Leseprofi?
Gerade in diesem grundlegenden Bereich ziehen sich die Schwierigkeiten unserer Schülerinnen und Schüler durch alle Altersstufen und alle Schularten.
Um diese Schwierigkeiten zu beheben, wurde der Leseprofi entwickelt. Es wird neben der Lesetechnik und Lesefertigkeit auch das Textverständnis trainiert. Ein fragendes Denken soll mit Hilfe dieser Arbeitsblätter gefördert werden.

Aber was ist überhaupt Lesen? Worauf kommt es denn nun wirklich an?
Lesen ist Sinnentnahme aus allen möglichen Texten. Das reicht von der täglichen Fernsehprogrammbeschreibung bis zum wissenschaftlichen Text. Dabei gibt es diesen entscheidenden Lerneffekt: Wichtiges von Unwichtigem zu unterscheiden! Das geht nur durch Lesen und gleichzeitiges Verstehen!

Der Aufbau der Arbeitsblätter zielt vor allem auf das Verstehen des Gelesenen ab. Dabei geht das natürlich nicht immer, ohne auch zu schreiben. Denn nur, wer etwas Gelesenes auch „aufschreiben" kann, der hat den Sinn des Gelesenen auch verstanden.

Da wir aber die unterschiedlichsten Voraussetzungen unserer Schülerinnen und Schüler kennen, wird auch auf das Erlesen von Silben Wert gelegt. Denn Silben sind die kleinsten logischen Einheiten beim Lesen.

Die 27 Einheiten im Heft sind nach Schwierigkeit sortiert - von einfach bis schwierig. Auf den Arbeitsblättern wird aber aus Gründen der Benachteiligung bewusst darauf verzichtet. Kein Schüler muss wissen, dass der Lehrer/die Lehrerin ihm/ihr „nur" einen leichten Text gibt. So kann man die Schülerin/den Schüler schneller positiv bestärken, mit dem konkreten Hinweis auf sein konzentriertes Arbeiten. So fördert man Motivation und Konzentration.

Frei nach dem Motto „Wer nicht fragt, bleibt dumm!" gibt es natürlich in jedem Text auch einmal Wörter zu erklären. Meistens ist dies im Text nur auf ein bis zwei unbekannte Wörter beschränkt, sodass die Schülerin/der Schüler sich mit diesem Begriffen und ihren Bedeutungen auseinandersetzen kann. Möchte man den Lese-Wortschatz erweitern, müssen neue unbekannte Wörter/Begriffe eingebaut werden. Diese werden aus dem Kontext heraus oder durch zusätzliche Erklärungen mit Inhalt gefüllt. Dies kann die Schüler auch zum Nachschlagen von Begriffen in Lexika führen.

Zusätzliches Material zum Leseprofi bietet das passende Arbeitsheft zu jeder Ausgabe. Hier wird Lesen und Verstehen mit Aufgabentypen verschiedenster Art gefördert. Alle diese Materialien können unabhängig voneinander eingesetzt werden.

Der Leseprofi macht jeden Schüler zum Profi, weil das wichtigste Ziel beim Lesen verfolgt wird:
Unwichtiges von Wichtigem lesend zu trennen!

An dieser Stelle möchten wir uns für die Unterstützung bei Sylvia Hielscher, Wolfgang Wertenbroch und Erich van Heiss ganz herzlich bedanken.

Ihnen und Ihren Schülern wünschen wir viel Erfolg und Freude mit den vorliegenden Kopiervorlagen.

Ihr Kohl-Verlagsteam,

Lynn-Sven Kohl & Ulrike Stolz

Methoden

So wird mit dem Leseprofi gearbeitet!

So kann der Schüler/die Schülerin mit dem Leseprofi arbeiten:

1. Arbeitsblatt

- Der Text wird gelesen. Eventuell wird der Text auch ein zweites Mal gelesen.
- Der Text kann, um ein nochmaliges Nachlesen zu verhindern, nach hinten weggeklappt werden.
- Im 1. Lernschritt werden die Aussagen zum Text gelesen. Mit einem lachenden Gesicht werden die richtigen Aussagen gekennzeichnet. Dies kann je nach Alter der Schüler auch mit Selbstkontrolle über das Lösungsblatt kontrolliert werden. Das Lösungsblatt könnte z.B. beim Lehrer ausgelegt sein.

2. Arbeitsblatt

- Der zweite Lernschritt ist additiv. Er kann nach Belieben hinzugenommen oder weggelassen werden.
- Die Fragen werden gelesen und schriftlich beantwortet. Dafür kann der Text auch noch einmal vollständig gelesen werden.
- Schwächere oder jüngere Schüler können mit der „Unterstreichmethode“ arbeiten. So muss nur gelesen und nichts geschrieben werden. Es eignen sich Textmarker zum Markieren einzelner Textstellen.

Zusätzliche Ideen und Überlegungen für den Lehrer:

- Da die Texte nach Schwierigkeitsgraden im Heft sortiert sind, auf dem Blatt aber nicht als leicht oder schwierig gekennzeichnet wurden, hat der Lehrer die Möglichkeit, jeden Schüler positiv zu bestärken.
  Dabei sollte ganz konkret gesagt werden, was ein Schüler toll gemacht hat (z.B. hat er sich prima konzentriert). Allgemeines Lob wird auch nur allgemein wahrgenommen. Deshalb sollte man immer das gewünschte Verhalten konkret benennen und loben.
- Schwache Schüler profitieren von der „Unterstreichmethode“. Mit verschiedenen Textmarkern macht das richtig Spaß und diese Schüler haben die gleichen Ergebnisse wie ihre schreibenden Mitschüler.
- Überschriften machen neugierig. Sie stimmen auf mögliche Inhalte des Textes ein. In einem einstimmenden Gesprächskreis können Vermutungen geäußert werden, die motiveren (z.B.: Woran denkst du bei dieser Überschrift? Was könnte im Text vorkommen? Wovon könnte er handeln? usw.) Schüler haben dann eine Erwartungshaltung und sind gespannt darauf, was der Text nun wirklich zu bieten hat.
- Der Lese-Wortschatz wird durch nicht so geläufige Begriffe erweitert. Aus dem Kontext heraus werden sie mit Inhalt gefüllt.
- Der Zusatzkasten mit Sprech- und Schreibanlässen gibt Stoff für weitere Stunden und angeregte Diskussionen und setzt sich mit den beschriebenen Sach- und Sozialthemen auseinander. Sachtexte regen zum Weiterlesen in Lexika oder entsprechenden Natur- und Sachkundebüchern an.
- Die Texte können aus Vorlage benutzt werden, um zu lernen, Unwichtiges zu streichen und das Wichtige in Stichwörtern zusammenzufassen. Eine Folge wird sein, dass auch eigene Texte mit Wichtigem/den Kernaussagen gefüllt sein werden.
  Der Leseprofi fördert das Textverständnis auch für völlig unbekannte Texte, da methodisch vorgegangen wird. Der Schüler merkt sich nur das Wesentliche!

Der Leseprofi / Klasse 3 – Bestell-Nr. 16 763
Intensives Training des sinnerfassenden Lesens
KOHL VERLAG

1 Wale

Man nannte sie früher „Walfische", denn sie leben im Wasser wie Fische und sehen auch aus wie Fische. Da sie aber lebende Junge zur Welt bringen, gehören sie zu den Säugetieren. Zu den Walen gehören auch die Delfine. Beide gehören zu den intelligentesten Tieren des Planeten. Sie verständigen sich mit Sprachen, die die Forscher noch nicht entschlüsseln konnten. Die Blauwale sind die größten Tiere, die jemals auf der Erde gelebt haben. Sie werden 30 Meter lang und über 100 000 kg schwer. Leider jagen die Menschen die Wale so stark, dass die meisten Walarten vom Aussterben bedroht sind.

98 Wörter

1. Lernschritt

➔ *Lies die folgenden Sätze aufmerksam durch.*

➔ *Ist die Aussage inhaltlich richtig? Dann kreuze die Aussage an.*

❗ *<u>Achtung</u>: Du darfst jetzt nicht mehr im Text nachlesen!*

Knicke das Blatt entlang dieser Linie nach hinten.

Richtig 

		Richtig
1	Früher nannte man die Wale auch „Walfische".	
2	Wale leben wie Pflanzen im Wasser.	
3	Da Wale lebende Jungen zur Welt bringen, gehören sie zu den Säugetieren.	
4	Zu den Walen gehören auch die Karpfen.	
5	Wale gehören zu den intelligentesten Tieren der Erde.	
6	Sie verständigen sich mit verschiedenen Gebärden.	
7	Die Sprache der Wale und Delfine konnten die Forscher noch nicht entschlüsseln.	
8	Blauwale sind die größten Tiere, die jemals auf der Erde gelebt haben.	
9	Sie werden über 80 Meter lang und 500 kg schwer.	
10	Die meisten Walarten sind vom Aussterben bedroht.	

Der Leseprofi / Klasse 3
Intensives Training des sinnerfassenden Lesens – Bestell-Nr. 16 763
KOHL VERLAG

1

Wale

2. Lernschritt

➔ Beantworte die folgenden Fragen zum Lesetext sinngemäß.

oder:

Unterstreiche im Lesetext die passenden Antworten. Schreibe am Rand den dazugehörigen Buchstaben daneben.

➔ Schreibe in vollständigen Sätzen.

a) Wie nannte man Wale früher? ____________________

____

b) Warum gehören sie zu den Säugetieren? ____________________

____

c) Wer gehört auch zu den Walen? ____________________

____

d) Wie verständigen sie sich? ____________________

____

e) Was sind die größten Tiere, die jemals auf der Erde gelebt haben?

____

f) Wie lang werden sie? ____________________

____

g) Warum sind die meisten Walarten vom Aussterben bedroht?

____

Zusatzaufgaben

- Wale werden stark bejagt. Wie könnte man den Walfang beenden? Sprecht in der Gruppe/Klasse darüber.
- Warum gehören die Wale zu den Säugetieren? Erkläre ausführlich. Schreibe in dein Heft.

Der Leseprofi / Klasse 3
Intensives Training des sinnerfassenden Lesens – Bestell-Nr. 16 763

2 Fischfang in den Tropen

Die Fischer fahren hinaus, wenn der Morgen dämmert. Sie benutzen ihre Einbäume. Sie legen Reusen aus Weidengeflecht in das Wasser. Sie sehen wie kleine Körbchen aus. Die Fische schwimmen hinein und finden nicht mehr heraus. Am Abend wird die ganze Reuse voll sein und die Familie des Fischers wird satt. Weil es sehr heiß ist, müssen die Fische bald gegessen werden. Die Fischer haben auch ein großes Netz mit. Es ist am Einbaum befestigt. Sie fahren zum Strand zurück und bringen die Fische mit. An Stöcke gebunden werden die Fische nach Hause transportiert. Eine Plastiktüte aus dem Supermarkt gibt es hier nicht.

106 Wörter

1. Lernschritt

➔ *Lies die folgenden Sätze aufmerksam durch.*

➔ *Ist die Aussage inhaltlich richtig? Dann kreuze die Aussage an.*

(!) *Achtung: Du darfst jetzt nicht mehr im Text nachlesen!*

Knicke das Blatt entlang dieser Linie nach hinten.

		Richtig X
1	Wenn der Morgen dämmert, fahren die Fischer hinaus.	
2	Sie benutzen ihre Paddelboote.	
3	Ins Wasser werden Reusen aus Weidengeflecht gelegt.	
4	In diese kleinen Körbchen schwimmen die Fische hinein und finden nicht mehr heraus.	
5	Mit der Angel werden die größeren Fische gefangen.	
6	Am Abend wird die Reuse voll sein, aber trotzdem muss die Familie des Fischers oft hungern.	
7	Um die Fische frisch zu halten, werden sie in den Kühlschrank gelegt.	
8	Die Fischer haben auch ein großes Netz mit.	
9	Das Netz ist an ihrem Einbaum befestigt.	
10	Die Plastiktüte aus dem Supermarkt hilft, die Fische nach Hause zu transportieren.	

KOHL VERLAG
Der Leseprofi / Klasse 3
Intensives Training des sinnerfassenden Lesens – Bestell-Nr. 16 763

2 Fischfang in den Tropen

2. Lernschritt

➔ *Beantworte die folgenden Fragen zum Lesetext sinngemäß.*

oder:

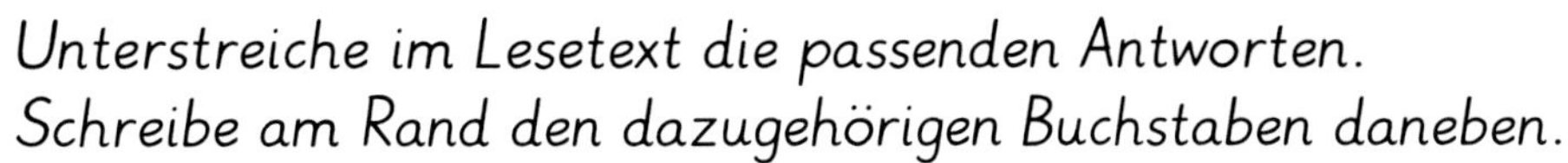

Unterstreiche im Lesetext die passenden Antworten. Schreibe am Rand den dazugehörigen Buchstaben daneben.

➔ *Schreibe in vollständigen Sätzen.*

a) Wann fahren die Fischer hinaus? ______________________________

____

b) Was benutzen die Fischer, um auf das Meer zu fahren? ______________

____

c) Was legen sie zum Fischfang ins Wasser? ______________________

____

d) Was passiert mit den Fischen, die in diese kleinen Körbchen geschwommen sind?

____

e) Warum müssen die Fische bald gegessen werden? ________________

____

f) Wie werden die Fische nach Hause transportiert? ________________

____

g) Was gibt es in den Tropen nicht? ______________________________

____

Zusatzaufgaben

- *Wie sind die Lebensbedingungen einer Fischerfamilie in den Tropen? Vergleicht sie mit unserem Alltag. Diskutiert auch über die Vor- und Nachteile der beiden Lebensumstände.*
- *Erkläre, warum der Fischer täglich aufs Meer fahren muss und nicht einfach an einem Tag für drei folgende Tage im Voraus fischen kann.*

KOHL VERLAG Der Leseprofi / Klasse 3 Intensives Training des sinnerfassenden Lesens – Bestell-Nr. 16 763

3 Die Chinesische Mauer

Die Kaiser von China ließen mehrere hundert Jahre lang eine Mauer bauen. Die sollte sie vor Feinden schützen. Besonders die Reitervölker im Norden waren gefährlich. Die Mauer ist 2500 km lang geworden. Das ist genauso lang, wie die Strecke von Afrika nach Südamerika. An manchen Stellen ist sie zwölf Meter dick. Sie windet sich über die Berge und durch die Ebenen. In regelmäßigen Abständen stehen Wachtürme. Von hieraus kann man weit sehen. Aber so massiv wie sie gebaut ist, wird sie die Jahrhunderte überdauern. Jetzt ist sie eine Attraktion für Touristen. Lange wurde behauptet, die chinesische Mauer sei das einzige Bauwerk der Erde, das man vom Mond aus mit bloßem Auge sehen könne. Aber das stimmt nicht.

120 Wörter

1. Lernschritt

➔ *Lies die folgenden Sätze aufmerksam durch.*

➔ *Ist die Aussage inhaltlich richtig? Dann kreuze die Aussage an.*

(!) *Achtung: Du darfst jetzt nicht mehr im Text nachlesen!*

- -

Knicke das Blatt entlang dieser Linie nach hinten.

		Richtig X
1	Die Kaiser von Japan ließen mehrere hundert Jahre lang eine Mauer bauen.	
2	Die Mauer sollte vor Feinden schützen.	
3	Die Reitervölker aus dem Norden waren besonders gefährlich.	
4	Die Mauer wurde 8000 Kilometer lang.	
5	Die Mauer ist genauso lang wie die Strecke von Afrika nach Südamerika.	
6	Sie ist an manchen Stellen 12 Meter dick.	
7	Über Berge und durch die Ebenen windet sich die Mauer.	
8	In regelmäßigen Abständen stehen Soldaten.	
9	Das chinesische Bauwerk kann man von der Sonne aus mit bloßem Auge sehen.	
10	Jetzt ist sie eine Attraktion für Touristen.	

Der Leseprofi / Klasse 3
Intensives Training des sinnerfassenden Lesens – Bestell-Nr. 16 763

3 Die Chinesische Mauer

2. Lernschritt

➔ *Beantworte die folgenden Fragen zum Lesetext sinngemäß.*

oder:

Unterstreiche im Lesetext die passenden Antworten. Schreibe am Rand den dazugehörigen Buchstaben daneben.

➔ *Schreibe in vollständigen Sätzen.*

a) Was ließen die Kaiser von China bauen? ______________________________

____

b) Welchen Zweck hatte die Mauer? ______________________________

____

c) Wer war besonders gefährlich? ______________________________

____

d) Wie dick wurde die Mauer? ______________________________

____

e) Was steht in regelmäßigen Abständen entlang der Mauer? ______________

____

f) Was kann man vom Mond aus mit bloßem Auge erkennen? ______________

____

g) Was ist die Chinesische Mauer jetzt? ______________________________

____

Zusatzaufgaben

- *Wozu ließen die chinesischen Kaiser die Chinesische Mauer bauen? Fallen euch eventuell noch andere Vermutungen ein?*
- *Wieso spielt die Chinesische Mauer heutzutage keine Rolle mehr bei der militärischen Verteidigung des Landes? Erklärt.*

Der Leseprofi / Klasse 3
Intensives Training des sinnerfassenden Lesens – Bestell-Nr. 16 763

4 Das Schwimmbad

Dörte hat zwei ältere Brüder, Paul und Andreas. Paul ist zehn Jahre alt und Andreas, den sie auch Andi nennen, ist zwei Jahre älter. Mit ihren 8 Jahren ist Dörte das Nesthäkchen. Das lassen die beiden Großen sie auch spüren. Brüder können so gemein sein! Den Weg ins Schwimmbad geht Dörte heute das erste Mal allein. Es ist nicht weit von ihrer Ferienwohnung entfernt und sie hat nur eine Straße zu überqueren. Dort soll sie ihre Brüder treffen, denn allein schwimmen ist ja langweilig. Ihre Augen suchen das Nichtschwimmerbecken ab. Niemand ist da! Wo können sie nur sein? Enttäuscht geht sie zurück. Später kommen Paul und Andi heim. Sie haben einen Freund getroffen und bei ihm Eis gegessen. Mutter ist echt sauer und die beiden haben für einen Tag Stubenarrest.

131 Wörter

1. Lernschritt

➔ *Lies die folgenden Sätze aufmerksam durch.*

➔ *Ist die Aussage inhaltlich richtig? Dann kreuze die Aussage an.*

(!) *Achtung: Du darfst jetzt nicht mehr im Text nachlesen!*

- -

Knicke das Blatt entlang dieser Linie nach hinten.

Richtig 

Nr.	Aussage	Richtig
1	Dörte hat zwei ältere Brüder, Paul und Andreas.	
2	Paul ist zehn Jahre alt.	
3	Dörte ist mit ihren 8 Jahren das Nesthäkchen.	
4	Das lassen die beiden Großen sie auch spüren.	
5	Dörte geht den Weg ins Schwimmbad heute das erste Mal allein.	
6	Sie soll dort ihre Tanten treffen.	
7	Sie findet nur ihre Brüder im Schwimmbad.	
8	Später kommen Paul und Andi heim.	
9	Sie haben ihren Onkel getroffen und bei ihm Eis gegessen.	
10	Mutter ist beruhigt, dass beide gesund zu Hause sind.	

KOHL VERLAG Der Leseprofi / Klasse 3 Intensives Training des sinnerfassenden Lesens – Bestell-Nr. 16 763

4 Das Schwimmbad

2. Lernschritt

➔ *Beantworte die folgenden Fragen zum Lesetext sinngemäß.*

oder:

Unterstreiche im Lesetext die passenden Antworten. Schreibe am Rand den dazugehörigen Buchstaben daneben.

➔ *Schreibe in vollständigen Sätzen.*

a) Wie nennen sie Andreas noch? ______________________________

____

b) Was können Brüder sein? ______________________________

____

c) Welchen Weg geht Dörte das erste Mal allein? ______________________________

____

d) Wieso will sie im Schwimmbad ihre Brüder treffen? ______________________________

____

e) Was haben Paul und Andi statt des Schwimmbadbesuches gemacht?

____

____

f) Was haben die beiden für einen Tag, weil Mutter echt sauer ist?

____

Zusatzaufgaben

- *Hattet ihr schon einmal Stubenarrest? Warum? Berichtet euch davon.*
- *Schreibt eure Schwimmbadgeschichte auf.*

Der Leseprofi / Klasse 3
Intensives Training des sinnerfassenden Lesens – Bestell-Nr. 16 763

5 Fischmarkt

In den Bergen macht Malin mit ihrer Familie am liebsten Urlaub. Aber sie wohnen in Hamburg, einer Millionenstadt im Norden. Da gibt es jeden Sonntagmorgen den Fischmarkt. Du denkst wohl, dass man da nur Fische kaufen kann – aber das ist ganz falsch. Dort gibt es alles. Die vielen Buden und Stände bieten alles an, was man brauchen könnte: Obst und Gemüse aus den Anbaugebieten vor der Stadt, Wurst und Käse, Pflanzen und Kleintiere, sogar Spielzeug und natürlich viele Würstchenbuden. Malin liebt diesen Markt, auch wenn man dafür früh aufstehen muss. Es geht schon um sechs Uhr los und um zehn tönen die Sirenen: Der Fischmarkt endet. Es herrscht dort ein solches Gedränge, dass man schnell verloren gehen kann. Deshalb muss sie immer an der Hand ihrer Mutter laufen. Das findet sie ziemlich doof.

134 Wörter

1. Lernschritt

➔ *Lies die folgenden Sätze aufmerksam durch.*

➔ *Ist die Aussage inhaltlich richtig? Dann kreuze die Aussage an.*

(!) *Achtung: Du darfst jetzt nicht mehr im Text nachlesen!*

Knicke das Blatt entlang dieser Linie nach hinten.

Richtig 

1	Malin macht mit ihrer Familie am liebsten in Italien Urlaub.	
2	Aber sie wohnen in Köln, einer Millionenstadt im Westen.	
3	Da gibt es jeden Sonntagmorgen den Fischmarkt.	
4	Dort gibt es nur Fische zu kaufen.	
5	Es werden Obst und Gemüse aus den Anbaugebieten vor der Stadt angeboten.	
6	Malin mag diesen Markt gar nicht.	
7	Es geht schon um sieben Uhr los und um drei Uhr mittags endet der Markt.	
8	Es herrscht ein solches Gedränge, dass man schnell verloren gehen kann.	
9	Malin muss deshalb immer an der Hand ihrer Mutter laufen.	
10	Das findet Malin einfach super.	

5 Fischmarkt

2. Lernschritt

➔ *Beantworte die folgenden Fragen zum Lesetext sinngemäß.*

oder:

Unterstreiche im Lesetext die passenden Antworten. Schreibe am Rand den dazugehörigen Buchstaben daneben.

➔ *Schreibe in vollständigen Sätzen.*

a) Wo macht Malin mit ihrer Familie am liebsten Urlaub? ____________________

____

b) Was gibt es am Sonntagmorgen? ____________________

____

c) Kann man dort nur Fisch kaufen? ____________________

____

d) Was muss man tun, um auf diesen Markt zu gehen? ____________________

____

e) Wann geht der Markt los? ____________________

____

f) Wieso muss Malin an der Hand ihrer Mutter laufen? ____________________

____

g) Wie findet Malin das? ____________________

____

Zusatzaufgaben

- *Gibt es bei euch einen ähnlichen Markt? Habt ihr schon einmal einen solchen Markt besucht? Erzählt.*
- *Erstelle eine Liste, was die Buden und Stände alles anbieten.*

Der Leseprofi / Klasse 3
Intensives Training des sinnerfassenden Lesens – Bestell-Nr. 16 763
KOHL VERLAG

6 Hafen

Familie Hagemann, so heißt Elenas Familie, macht am Sonntag gerne einen besonderen Ausflug. Eine Rundfahrt mit einer Barkasse durch das Hafenbecken von Hamburg ist ihr Ziel. Eine Barkasse ist ein flaches Motorschiff, mit dem man ganz nah an die großen „Pötte" heranfahren kann. So nennt man die Ozeanriesen und Containerschiffe. Elena liebt es, an Deck zu stehen und den Wind zu spüren, der ihr die Haare verwuschelt. An Bord gibt es immer eine Lautsprecherstimme, die über die Schiffe berichtet, die gerade im Hafen liegen. Man nennt ihn „He lücht", was soviel heißt wie „er lügt". Er erzählt zwar viel Wahres, aber er hält auch gern mal seine Zuhörer zum Narren. Neulich hat er allen Ernstes behauptet, am Bananenschuppen würden die Bananen wieder gerade gebogen!

125 Wörter

1. Lernschritt

➔ *Lies die folgenden Sätze aufmerksam durch.*

➔ *Ist die Aussage inhaltlich richtig? Dann kreuze die Aussage an.*

(!) *Achtung: Du darfst jetzt nicht mehr im Text nachlesen!*

Knicke das Blatt entlang dieser Linie nach hinten.

Richtig 

	Aussage	Richtig
1	Elenas Familie heißt Müller.	
2	Ihr Ziel ist ein Rundflug mit dem Hubschrauber über das Hafenbecken.	
3	Eine Barkasse ist ein flaches Motorschiff.	
4	Elena sitzt am liebsten unter Deck und trinkt Kakao.	
5	An Bord gibt es immer eine Lautsprecherstimme.	
6	Sie berichtet über die Schiffe, die gerade im Hafen liegen.	
7	Man nennt ihn „He lücht", was soviel heißt wie „Hallo Leute".	
8	Er erzählt zwar viel Wahres, aber er hält seine Zuhörer auch schonmal gern zum Narren.	
9	Dann läuft er ganz rot im Gesicht an.	
10	Neulich behauptete er, am Bananenschuppen würden die Bananen wieder gerade gebogen.	

Der Leseprofi / Klasse 3 Intensives Training des sinnerfassenden Lesens – Bestell-Nr. 16 763
KOHL VERLAG

6 Hafen

2. Lernschritt

➔ *Beantworte die folgenden Fragen zum Lesetext sinngemäß.*

oder:

Unterstreiche im Lesetext die passenden Antworten. Schreibe am Rand den dazugehörigen Buchstaben daneben.

➔ *Schreibe in vollständigen Sätzen.*

a) Was machen sie am Sonntag gerne? ______________________

____

b) Was ist ihr Ziel? ______________________

____

c) Was ist eine Barkasse? ______________________

____

d) Was liebt Elena? ______________________

____

e) Was gibt es an Bord immer? ______________________

____

f) Was macht „He lücht" noch, außer viel Wahres zu erzählen?

____

g) Was behauptete er neulich allen Ernstes? ______________________

____

Zusatzaufgaben

- *Sprecht über eure Erlebnisse am Meer oder in Häfen. Habt ihr schon einmal ähnliches erlebt wie Elena?*
- *Erfindet selbst eine Geschichte, die die Lautsprecherstimme auf der Barkasse erzählen könnte.*

Der Leseprofi / Klasse 3 – Bestell-Nr. 16 763
Intensives Training des sinnerfassenden Lesens
KOHL VERLAG

7 Weihnachtsmarkt

Die Stände, die jedes Jahr um die Kirchen der Stadt aufgebaut werden, liebt Tamara besonders. Mehrere Wochen sind sie dort und sie kann nicht oft genug auf den Weihnachtsmarkt gehen. Meistens geht am Wochenende die ganze Familie los. Und da fangen die Probleme schon an, wenn man zwei Brüder hat: Jeder will woanders hin. Florian will das Holzspielzeug aus dem Erzgebirge sehen und Yannik hat eine Vorliebe für Zuckerwatte und gebrannte Mandeln. Plötzlich steht Tamara allein vor einem Karussell. Wo sind denn auf einmal alle hin? Panik beschleicht sie, bei so vielen Menschen im Gedränge. Was soll sie tun? Ihr fällt die Verabredung der Familie wieder ein: Wer verloren geht, findet sich dort wieder ein, wo zuletzt alle zusammen waren. Sie läuft und ist ganz froh ihre Eltern wieder zu sehen, die jetzt Weihnachtsmannmützen mit Blinklichtern tragen.

139 Wörter

1. Lernschritt

➔ *Lies die folgenden Sätze aufmerksam durch.*

➔ *Ist die Aussage inhaltlich richtig? Dann kreuze die Aussage an.*

(!) *Achtung: Du darfst jetzt nicht mehr im Text nachlesen!*

- -

Knicke das Blatt entlang dieser Linie nach hinten.

Richtig 

Nr.	Aussage	Richtig
1	Tamara liebt besonders die Stände, die jedes Jahr um die Kirchen der Stadt aufgebaut werden.	
2	Sie liebt es, auf den Rummelplatz zu gehen.	
3	Meistens geht am Wochenende die ganze Familie los.	
4	Da fangen die Probleme schon an, wenn man zwei Brüder hat.	
5	Florian will das Holzspielzeug aus dem Erzgebirge sehen.	
6	Katrin hat eine Vorliebe für Bratwurst und Pommes.	
7	Tamara steht plötzlich alleine vor einem Karussell.	
8	Sie beschleicht Panik bei so vielen Menschen im Gedränge.	
9	Ihr fällt die Abmachung mit ihren Großeltern nicht mehr ein.	
10	Sie ist ganz froh, ihre Eltern wiederzusehen, die jetzt Weihnachtsmannmützen mit Blinklichtern tragen.	

Der Leseprofi / Klasse 3
Intensives Training des sinnerfassenden Lesens – Bestell-Nr. 16 763
KOHL VERLAG

7

Weihnachtsmarkt

Weihnachtsmarkt

2. Lernschritt

➔ *Beantworte die folgenden Fragen zum Lesetext sinngemäß.*

oder:

Unterstreiche im Lesetext die passenden Antworten. Schreibe am Rand den dazugehörigen Buchstaben daneben.

➔ *Schreibe in vollständigen Sätzen.*

a) Was liebt Tamara jedes Jahr besonders? ______________________

____

b) Wieso fangen da die Probleme schon an, wenn man zwei Brüder hat?

____

c) Welche Vorliebe hat Yannik? ______________________

____

d) Wo steht Tamara plötzlich allein? ______________________

____

e) Was beschleicht Tamara bei so vielen Menschen im Gedränge?

____

f) Welche Verabredung mit der Familie fällt ihr wieder ein? ______________________

____

g) Was tragen ihre Eltern, als Tamara sie wieder sieht? ______________________

____

Zusatzaufgaben

- *Erzählt von den Weihnachtsmärkten, die ihr aus eurer Umgebung kennt.*
- *Wie findest du die Verabredung zwischen Tamara und ihren Eltern für den Fall, dass jemand verloren gehen sollte? Hast du andere Vorschläge? Schreibe auf.*

Der Leseprofi / Klasse 3
Intensives Training des sinnerfassenden Lesens – Bestell-Nr. 16 763

8 Die Neue

Nach den langen Sommerferien freut sich Corinna eigentlich wieder auf die Schule. Vor allem weiß sie schon, dass sie wieder neben Vanessa, ihrer Freundin, sitzen wird. Die Lehrerin bringt ein neues Mädchen mit in die Klasse, das etwas bedrückt drein sieht. „Das ist Inna. Sie kommt aus Russland", stellt die Lehrerin sie vor. Inna sitzt mit an Corinnas Gruppentisch und bald merken die Freundinnen, dass sie ganz toll zeichnen kann. Leider versteht sie nur wenig Deutsch. Aber da sind sich Vanessa und Corinna einig: „Wir wollen ihr helfen!" Sie nehmen sie mit in die große Pause und zeigen ihr das Schulgelände. Inna malt den beiden wunderschöne Anfangsbuchstaben ihrer Namen, die sie auf ihr Deutschheft kleben.

117 Wörter

1. Lernschritt

➔ *Lies die folgenden Sätze aufmerksam durch.*

➔ *Ist die Aussage inhaltlich richtig? Dann kreuze die Aussage an.*

(!) *Achtung: Du darfst jetzt nicht mehr im Text nachlesen!*

Knicke das Blatt entlang dieser Linie nach hinten.

Richtig 

1	Nach den langen Sommerferien freut sich Corinna nicht auf die Schule.	
2	Sie weiß, dass sie wieder neben Vanessa sitzen wird.	
3	Die Lehrerin bringt ein neues Mädchen mit in die Klasse, das neugierig dreinschaut.	
4	Inna kommt aus Rumänien.	
5	Die Freundinnen merken, dass Inna sehr schön zeichnen kann.	
6	Leider versteht Inna fast alles.	
7	Vanessa und Corinna wollen ihr helfen.	
8	Sie zeigen ihr in der großen Pause die Schulturnhalle.	
9	Inna malt den beiden wunderschöne Pferdebilder in ihr Freundebuch.	
10	Sie kleben die Anfangsbuchstaben auf das Deutschheft.	

Der Leseprofi / Klasse 3 – Bestell-Nr. 16 763
Intensives Training des sinnerfassenden Lesens
KOHL VERLAG

Die Neue

2. Lernschritt

➔ *Beantworte die folgenden Fragen zum Lesetext sinngemäß.*

oder:

Unterstreiche im Lesetext die passenden Antworten. Schreibe am Rand den dazugehörigen Buchstaben daneben.

➔ *Schreibe in vollständigen Sätzen.*

a) Wie sieht das Mädchen, das die Lehrerin mitbringt, aus? ____________________

____

b) Woher kommt Inna? ____________________

____

c) Wo sitzt Inna? ____________________

____

d) Wie sind ihre Deutschkenntnisse? ____________________

____

e) Worin sind sich Vanessa und Corinna einig? ____________________

____

____

f) Wie zeigt Inna ihre Dankbarkeit? ____________________

____

____

Zusatzaufgaben

- *Wie kann man jemandem helfen, sich in einer fremden Klasse wohlzufühlen? Macht Vorschläge.*
- *Wie beginnt die Freundschaft von Vanessa, Corinna und Inna?*

Der Leseprofi / Klasse 3
Intensives Training des sinnerfassenden Lesens – Bestell-Nr. 16 763

9 Sport

Heute ist die erste Sportstunde für Inna. Wie sich Inna wohl anstellen wird? Es wird Brennball gespielt. Die Jungs gegen die Mädchen. Corinna und ihre Freundinnen wissen, dass Eugen immer sehr harte Bälle wirft. Aber sie sind auch recht gute Sportlerinnen. Es gelingt ihnen aber nicht, Eugen abzutreffen. Er ist einfach zu schnell. Das Spiel dauert schon zehn Minuten und es sieht nicht gut aus für die Mädchenmannschaft. Es sind nur noch Amelie, Corinna und Inna übrig. Die ist schnell und wendig. Eugen beginnt, sich zu ärgern, dass er sie nicht aus dem Spiel bekommt. Da bekommt Inna den Ball von Amelie zugespielt und holt kräftig aus. Sie trifft den überraschten Eugen am Bein und er ist raus aus dem Spiel. Die Mädchen jubeln und gewinnen diesmal knapp – mit Innas Hilfe.

131 Wörter

1. Lernschritt

➔ *Lies die folgenden Sätze aufmerksam durch.*

➔ *Ist die Aussage inhaltlich richtig? Dann kreuze die Aussage an.*

(!) *Achtung: Du darfst jetzt nicht mehr im Text nachlesen!*

Knicke das Blatt entlang dieser Linie nach hinten.

Richtig **X**

1	Gestern war die erste Sportstunde für Inna.	
2	Es wird Völkerball gespielt.	
3	Die Mädchen und Jungen spielen in gemischten Mannschaften.	
4	Corinna weiß, dass Eugen harte Bälle wirft.	
5	Corinna und ihre Freundinnen sind auch recht gute Sportlerinnen.	
6	Es gelingt ihnen auch, Eugen abzutreffen.	
7	Das Spiel dauert schon 10 Minuten und es sieht gut aus für die Mädchenmannschaft.	
8	Inna ist schnell und wendig.	
9	Es fängt Eugen an zu freuen, dass er sie nicht aus dem Spiel bekommt.	
10	Inna trifft den überraschten Eugen am Bein.	

KOHL VERLAG Der Leseprofi / Klasse 3 Intensives Training des sinnerfassenden Lesens – Bestell-Nr. 16 763

9 Sport

2. Lernschritt

➔ *Beantworte die folgenden Fragen zum Lesetext sinngemäß.*

oder:

Unterstreiche im Lesetext die passenden Antworten. Schreibe am Rand den dazugehörigen Buchstaben daneben.

➔ *Schreibe in vollständigen Sätzen.*

a) Welches Spiel wird in der 1. Sportstunde gespielt? ______________________

____

b) Wer spielt gegeneinander? ______________________

____

c) Welchen Wurfstil hat Eugen? ______________________

____

d) Was gelingt den Mädchen nicht? ______________________

____

e) Wie ist Inna? ______________________

____

f) Worüber ärgert sich Eugen? ______________________

____

g) Wie endet das Spiel? ______________________

____

Zusatzaufgaben

- *Besprecht, wie man 2 Mannschaften gerecht wählen kann.*
- *Schreibe die Regeln für ein Mannschaftsspiel auf, das du kennst.*

Der Leseprofi / Klasse 3
Intensives Training des sinnerfassenden Lesens – Bestell-Nr. 16 763
KOHL VERLAG

10 Sommerfest

Die Schule feiert und jede Klasse soll einen Stand anbieten. Corinnas Klasse will das Kuchenbüfett organisieren. Frau Hansen ist Elternvertreterin und plant, was benötigt wird. Es sollen viele selbstgebackene Kuchen und Torten verkauft werden. Dazu gibt es Kaffee und für die Kinder Kaltgetränke. Die Kinder der Klasse helfen, die Tische zu decken und zu dekorieren. Sie sollen auch die Gäste bewirten. Sie sind ganz aufgeregt. Nur Inna fehlt noch. "Wo bleibt sie nur?", denkt Corinna, „sie wird doch nicht so einen wichtigen Termin verpassen." Da schiebt eine freundliche Frau eine riesige Torte in den Festsaal. Es ist Innas Mutter, die in Russland eine Bäckerei hatte. Die Torte ist ein Prachtstück und bekommt den schönsten Platz auf dem Kuchenbüfett. Auf dem Fest spielen die Freundinnen vergnügt bis in den Abend.

130 Wörter

1. Lernschritt

➔ *Lies die folgenden Sätze aufmerksam durch.*

➔ *Ist die Aussage inhaltlich richtig? Dann kreuze die Aussage an.*

(!) *Achtung: Du darfst jetzt nicht mehr im Text nachlesen!*

- -

Knicke das Blatt entlang dieser Linie nach hinten.

Richtig 

1	Der Musikverein feiert und jede Klasse bietet einen Stand an.	
2	Corinnas Klasse will den Grillstand übernehmen.	
3	Frau Hansen, die Lehrerin, plant, was benötigt wird.	
4	Es sollen selbstgebackene Kuchen und Torten verkauft werden.	
5	Es gibt Sekt für die Kinder.	
6	Die Eltern helfen dabei, die Tische zu decken.	
7	Die Klasse soll die Gäste bewirten.	
8	Sie bleiben alle ganz locker.	
9	„Wo bleibt sie nur?", denkt Corinna.	
10	Innas Mutter schiebt eine riesige Torte in den Festsaal.	

KOHL VERLAG
Der Leseprofi / Klasse 3
Intensives Training des sinnerfassenden Lesens – Bestell-Nr. 16 763

10 Sommerfest

Schulfest

2. Lernschritt

➔ *Beantworte die folgenden Fragen zum Lesetext sinngemäß.*

oder:

Unterstreiche im Lesetext die passenden Antworten. Schreibe am Rand den dazugehörigen Buchstaben daneben.

➔ *Schreibe in vollständigen Sätzen.*

a) Was plant Corinnas Klasse beim Schulfest? ______________________

____

b) Welche Getränke werden angeboten? ______________________

____

c) Was haben die Schüler der Klasse zu tun? ______________________

____

d) Wer fehlt am Schluss? ______________________

____

e) Was hofft Corinna? ______________________

____

f) Was schiebt Innas Mutter in den Saal? ______________________

____

g) Was ist die Torte? ______________________

____

Zusatzaufgaben

- *Wie würdet ihr die Aufgaben verteilen? Diskutiert.*
- *Fertige eine Liste an, was alles für den Kuchenstand benötigt wird.*

Der Leseprofi / Klasse 3 – Bestell-Nr. 16 763
Intensives Training des sinnerfassenden Lesens
KOHL VERLAG

11 Omas Besuch

Corinna freut sich schon so: Die **Oma** kommt zu **Besuch** aus dem Schwarz**wald**. Mit ihr kann sie so wun**der**bar **malen** und bas**teln**. **Oma** hat im**mer** **eine** **gute** **Idee** für Re**gen**tage. Und da**von** gibt es ja in Ham**burg** ge**nug**. Corinna hat schon das Ge**fühl**, die Lieb**lingsenke**lin zu sein, **aber** sie ist ja auch die ein**zige** En**ke**lin, die die **Oma** hat. **Familie** Han**sen** fährt zum Al**tonaer** Bahn**hof**, denn die Groß**mut**ter kommt mit dem Zug. **Viele** Men**schen** stei**gen** aus, **aber** nie**mand** sieht wie **ihre** **Oma** aus. Da be**merkt** Corinna **eine** Frau, die ihr sehr äh**nelt**; **aber** sie sitzt im Roll**stuhl**. **Mut**ter geht auf die**se** Frau zu und be**grüßt** sie herz**lich**. Sie ist es! Die El**tern** **haben** **ge**wusst, dass sie **ihre** Beine seit Wo**chen** nicht mehr be**we**gen kann, **aber** wol**lten** die Kin**der** nicht be**unru**hi**gen**. Auch **Oma** hofft, bald wie**der** **ge**hen zu kön**nen** und ist gu**ter** Dinge.

144 Wörter

1. Lernschritt

➔ *Lies die folgenden Sätze aufmerksam durch.*

➔ *Ist die Aussage inhaltlich richtig? Dann kreuze die Aussage an.*

(!) *Achtung: Du darfst jetzt nicht mehr im Text nachlesen!*

- -

Knicke das Blatt entlang dieser Linie nach hinten.

		Richtig **X**
1	Der Opa kommt zu Besuch aus dem Schwarzwald.	
2	Mit Oma kann Corinna so wunderbar malen und basteln.	
3	Oma hat immer gute Ideen für heiße Sommertage.	
4	Corinna hat schon das Gefühl, die Lieblingsenkelin zu sein.	
5	Familie Hansen fährt zum Münchner Hauptbahnhof.	
6	Viele Menschen steigen aus dem Zug, aber niemand sieht wie ihre Oma aus.	
7	Corinna bemerkt eine Frau, die ihr gar nicht ähnlich sieht.	
8	Sie sitzt im Rollstuhl.	
9	Sie kann ihre Beine seit Wochen nicht mehr bewegen.	
10	Oma hofft, bald wieder gehen zu können.	

Der Leseprofi / Klasse 3
Intensives Training des sinnerfassenden Lesens – Bestell-Nr. 16 763

11 Omas Besuch

2. Lernschritt

➔ *Beantworte die folgenden Fragen zum Lesetext sinngemäß.*

oder:

Unterstreiche im Lesetext die passenden Antworten. Schreibe am Rand den dazugehörigen Buchstaben daneben.

➔ *Schreibe in vollständigen Sätzen.*

a) Warum freut sich Corinna schon so? ______________________

____

b) Was kann Corinna so wunderbar mit ihr? ______________________

____

c) Welches Gefühl hatte Corinna schon? ______________________

____

d) Wieso fährt Familie Hansen zum Altonaer Bahnhof? ______________________

____

e) Was bemerkt Corinna? ______________________

____

f) Was wussten die Eltern? ______________________

____

g) Was hofft Oma? ______________________

____

Zusatzaufgaben

- *Kennt ihr Menschen, die im Rollstuhl sitzen oder andere Behinderungen haben? Ist es für sie einfach, mit der Bahn zu reisen? Diskutiert.*
- *Schreibe über die guten Ideen, die Oma für Regentage haben könnte.*

KOHL VERLAG Der Leseprofi / Klasse 3 Intensives Training des sinnerfassenden Lesens – Bestell-Nr. 16 763

12 Kamin im Haus

Andreas will immer alles am besten können. Auch das Kaminanzünden. Nur geht sein Feuer meistens schon nach kurzer Zeit aus. Es wurmt ihn, dass Vater es besser kann und weiß. Der muss aber für eine Woche auf Geschäftsreise. Das ist die Gelegenheit für Andi. Er überzeugt Mutter, dass er das Feuermachen übernehmen kann und probiert alle möglichen Kniffe aus. Er macht extra feste Papierbällchen, er zerreißt Pappe in kleine Fetzchen, an der Lüftung probiert er alle Einstellungen und verwendet nur vorgetrocknetes Holz. Es gelingt ihm ein loderndes Feuer zu entfachen und seine Eltern zu überraschen. Andreas ist sehr stolz auf sich.

104 Wörter

1. Lernschritt

➔ *Lies die folgenden Sätze aufmerksam durch.*

➔ *Ist die Aussage inhaltlich richtig? Dann kreuze die Aussage an.*

(!) *Achtung: Du darfst jetzt nicht mehr im Text nachlesen!*

Knicke das Blatt entlang dieser Linie nach hinten.

Richtig 

		Richtig
1	Andreas will immer alles allein machen.	
2	Sein Kaminfeuer geht nach kurzer Zeit aus.	
3	Es gefällt ihm, dass sein Vater alles besser kann.	
4	Er überzeugt seinen Vater, dass er Feuer machen kann.	
5	Er macht extra feste Papierbällchen.	
6	An der Heizung probiert er nach und nach alle Einstellungen aus.	
7	Er schafft es, ein loderndes Feuer zu machen.	
8	Andreas ist sehr zufrieden mit sich.	
9	Andreas ist sehr stolz auf sich.	
10	Seine Eltern sind gar nicht überrascht.	

Der Leseprofi / Klasse 3
Intensives Training des sinnerfassenden Lesens – Bestell-Nr. 16 763
KOHL VERLAG

12 Kamin im Haus

2. Lernschritt

➔ *Beantworte die folgenden Fragen zum Lesetext sinngemäß.*

oder:

Unterstreiche im Lesetext die passenden Antworten. Schreibe am Rand den dazugehörigen Buchstaben daneben.

➔ *Schreibe in vollständigen Sätzen.*

a) Welches Problem hat Andreas beim Kaminanzünden? ______________________

____

____

b) Was ärgert ihn an seinem Vater? ______________________

____

c) Wovon überzeugt er seine Mutter? ______________________

____

d) Wie geht Andreas beim Anzünden vor? ______________________

____

____

____

____

e) Wie fühlt sich Andreas nun? ______________________

____

Zusatzaufgaben

- *Weshalb verwendet man zum Feuermachen nur vorgetrocknetes Holz?*
- *Notiere die Schritte, die Andreas unternimmt, um ein Feuer zu entfachen.*

Der Leseprofi / Klasse 3 – Bestell-Nr. 16 763
Intensives Training des sinnerfassenden Lesens

13 Holz hacken

Marek und Dominik wetteifern darum, wer am schnellsten das Kaminholz gespalten hat. Marek ist durch seine Größe eindeutig im Nachteil, denn er ist ja der Jüngere. Aber Dominik zeigt ihm noch mal den Kniff, ganz der „Große." Er sagt: "Es ist ganz einfach. Du setzt das Beil am Holzscheit an, schlägst beides auf den Hauklotz, dann ziehst du die linke Hand weg und haust mit der rechten kräftig zu." Bald liegt das gespaltene Holz in Haufen um den Hauklotz herum. „Lass' uns heute Abend ein großes Feuer im Garten machen!", jubelt Marek. Die Wiesen sind schon feucht, so erlaubt es Mutter, die immer Waldbrände fürchtet, wenn ihre Jungen Feuer machen. Einen Stockbrotteig rührt sie ihnen auch noch an. Abends tanzen dann die Glühwürmchen um das Feuer.

128 Wörter

1. Lernschritt

➔ *Lies die folgenden Sätze aufmerksam durch.*

➔ *Ist die Aussage inhaltlich richtig? Dann kreuze die Aussage an.*

(!) *Achtung: Du darfst jetzt nicht mehr im Text nachlesen!*

Knicke das Blatt entlang dieser Linie nach hinten.

		Richtig X
1	Dominik und Marek wetteifern, wer am schnellsten den Rasen gemäht hat.	
2	Marek ist durch seine Größe eindeutig im Vorteil.	
3	Dominik zeigt ihm seinen Trick.	
4	Dominik gibt damit an, der Größte zu sein.	
5	Er erklärt: „Du setzt den Hammer am Holzscheit an."	
6	Er sagt: „Du schlägst Beil und Holzscheit auf den Hauklotz."	
7	„Du ziehst die rechte Hand weg und haust mit der linken kräftig zu."	
8	Das gespaltene Holz liegt im Haufen um den Hauklotz herum.	
9	Marek möchte am nächsten Tag im Garten ein großes Feuer machen.	
10	Die Mutter rührt einen Stockbrotteig an.	

Der Leseprofi / Klasse 3 – Intensives Training des sinnerfassenden Lesens – Bestell-Nr. 16 763

13 Holz hacken

2. Lernschritt

➔ *Beantworte die folgenden Fragen zum Lesetext sinngemäß.*

oder:

Unterstreiche im Lesetext die passenden Antworten. Schreibe am Rand den dazugehörigen Buchstaben daneben.

➔ *Schreibe in vollständigen Sätzen.*

a) Worum wetteifern Marek und Dominik? _______________

____

____

b) Wo soll Marek das Beil ansetzen? _______________

____

c) Wo liegt das gespaltene Holz bald herum? _______________

____

d) Wer schlägt vor, ein Feuer zu machen? _______________

____

e) Weshalb erlaubt die Mutter das Feuermachen? _______________

____

f) Wer tanzt um das Feuer? _______________

____

Zusatzaufgaben

- *Warum ist es der Mutter wichtig, dass die Wiesen feucht sind?*
- *Berichte von einem besonders schönen Feuererlebnis.*

Der Leseprofi / Klasse 3
Intensives Training des sinnerfassenden Lesens – Bestell-Nr. 16 763
KOHL VERLAG

14 Der Biber

Am Abend erwachen am Ufer eines Teiches einige muntere Wesen. Es ist ein Biber mit seiner kleinen Familie. In diesem Jahr hat das Paar drei Junge. Im Frühjahr sind die Kleinen zur Welt gekommen. Die Mutter kümmert sich liebevoll um sie. Jetzt nach drei Wochen machen die Jungen die ersten Ausflüge. Sie werden von ihren Eltern begleitet. Die Biberfamilie lebt in einem Bau aus Ästen und Stöckchen. Der Eingang zur Wohnburg liegt immer unter der Wasseroberfläche. Im Inneren der Burg ist es trocken und gemütlich. Die Biber haben ihr Zuhause mit Stroh und Blättern ausgelegt. Sie verlassen den Bau immer zu mehreren. Wenn Gefahr droht, schlägt ein Biber mit dem breiten Schwanz auf das Wasser. Das heißt: „Alarm! Alle zurück in die Biberburg!"

125 Wörter

1. Lernschritt

➔ *Lies die folgenden Sätze aufmerksam durch.*
➔ *Ist die Aussage inhaltlich richtig? Dann kreuze die Aussage an.*

(!) *Achtung: Du darfst jetzt nicht mehr im Text nachlesen!*

Knicke das Blatt entlang dieser Linie nach hinten.

		Richtig X
1	Am Abend erwachen am Ufer des Teiches einige muntere Wesen.	
2	Am Ufer des Teiches lebt ein Hase mit seiner kleinen Familie.	
3	Das Paar hat dieses Jahr zwei Junge.	
4	Die Kleinen sind im Herbst zur Welt gekommen.	
5	Nach drei Wochen machen die Jungen die ersten Ausflüge.	
6	Auf diesen Ausflügen werden sie noch von ihren Eltern begleitet.	
7	Die Biber leben in einer Wohnburg aus Ästen und Stöckchen.	
8	In der Wohnburg ist es feucht.	
9	Biber verlassen den Bau nur alleine.	
10	Bei Gefahr schlägt ein Biber mit dem breiten Schwanz auf das Wasser.	

Der Leseprofi / Klasse 3
Intensives Training des sinnerfassenden Lesens – Bestell-Nr. 16 763

14 Der Biber

2. Lernschritt

➔ *Beantworte die folgenden Fragen zum Lesetext sinngemäß.*

oder:

Unterstreiche im Lesetext die passenden Antworten. Schreibe am Rand den dazugehörigen Buchstaben daneben.

➔ *Schreibe in vollständigen Sätzen.*

a) Wer erwacht am Ufer des Teiches? ______________________________

____

b) Wann kamen die Jungen zur Welt? ______________________________

____

c) Wie viele Junge hat das Paar in diesem Jahr? ______________________

____

d) Wo lebt die Biberfamilie? ______________________________

____

e) Wie ist die Biberburg eingerichtet? ______________________________

____

f) Verlassen Biber immer allein ihren Bau? ______________________________

____

g) Was tun Biber, wenn ihnen Gefahr droht? ______________________________

____

Zusatzaufgaben

- *Warum werden die Jungen noch von ihren Eltern auf ihren ersten Ausflügen begleitet? Findet gemeinsam Gründe.*
- *Was erfährst du alles über das Zusammenleben der Biberfamilie? Schreibe in vollständigen Sätzen auf.*

Der Leseprofi / Klasse 3
Intensives Training des sinnerfassenden Lesens – Bestell-Nr. 16 763
KOHL VERLAG

15 Gebirge

Viele Berge bilden ein Gebirge. Manche Gipfel sind auch im Sommer mit Schnee bedeckt. Tiefe Täler liegen zwischen den Hängen. Je höher man in den Bergen hinaufwandert, desto kälter wird es. In großen Höhen enthält die Luft weniger Sauerstoff, dann ist es schwierig, zu atmen. Die Bergsteiger helfen sich dann mit Sauerstoffmasken. Eine Gebirgslandschaft im Sommer ist im Winter gar nicht wieder zu erkennen. Alles ist von Schnee bedeckt. Auch die Tiere haben ihr Winterkleid angezogen. Das Alpenschneehuhn ist im Sommer braun-grau. Es sieht aus, wie der Felsen auf dem es sitzt. Im Winter ist es schneeweiß. Nur so kann es sich vor den Feinden tarnen.

108 Wörter

1. Lernschritt

➔ *Lies die folgenden Sätze aufmerksam durch.*

➔ *Ist die Aussage inhaltlich richtig? Dann kreuze die Aussage an.*

(!) *Achtung: Du darfst jetzt nicht mehr im Text nachlesen!*

- -

Knicke das Blatt entlang dieser Linie nach hinten.

Richtig 

1	Alle Gipfel eines Gebirges sind auch im Frühjahr mit Schnee bedeckt.	
2	Zwischen den Hängen liegen tiefe Täler.	
3	Je höher man auf Berge hinaufwandert, desto kälter wird es.	
4	In großer Höhe hat die Luft mehr Sauerstoff.	
5	Viele Bergsteiger helfen sich mit Sauerstoffmasken.	
6	Die Gebirgslandschaften sehen das ganze Jahr gleich aus.	
7	Die Tiere haben auch ihr Winterkleid angelegt.	
8	Das Alpenschneehuhn ist im Sommer schneeweiß.	
9	Im Winter ist es braun-grau.	
10	Das Alpenschneehuhn kann sich so vor seinen Feinden tarnen.	

KOHL VERLAG Der Leseprofi / Klasse 3 Intensives Training des sinnerfassenden Lesens – Bestell-Nr. 16 763

15 Gebirge

2. Lernschritt

➔ *Beantworte die folgenden Fragen zum Lesetext sinngemäß.*

oder:

Unterstreiche im Lesetext die passenden Antworten. Schreibe am Rand den dazugehörigen Buchstaben daneben.

➔ *Schreibe in vollständigen Sätzen.*

a) Was bilden viele Berge zusammen? ______________________

____

b) Was liegt zwischen den Hängen? ______________________

____

c) Wie verändert sich die Temperatur, je höher man auf die Berge steigt?

____

d) Wie helfen sich die Bergsteiger? ______________________

____

e) Was ist mit einer Gebirgslandschaft im Winter im Gegensatz zum Sommer?

____

f) Wie sieht das Alpenschneehuhn im Sommer aus? ______________________

____

g) Wieso ist das Alpenschneehuhn im Winter schneeweiß? ______________________

____

Zusatzaufgaben

- *Weshalb passt sich das Alpenschneehuhn der Jahreszeit an? Kennt ihr noch andere Tiere, die sich der Jahreszeit anpassen? Sprecht darüber.*
- *Wieso liegt auf manchen Gipfeln auch im Sommer Schnee? Finde hierfür eine Erklärung.*

KOHL VERLAG Der Leseprofi / Klasse 3 Intensives Training des sinnerfassenden Lesens – Bestell-Nr. 16 763

16 Höhle

Mit ihren Freunden haben Jannis und Nico in der Straße eine Bande gegründet. Sie nennen sich selbst die „Schwarzkäppis". Sie tragen alle ein schwarzes Cap, das wie angewachsen scheint. Sie bekämpfen die Rotmützen schon, solange sie denken können. Der Kampfplatz der Banden ist der Stadtpark. Dort haben sie ihre Hauptquartiere. Die Schwarzkäppis haben eine Höhle unter einem großen Baum in die Wurzeln gegraben. Hier lagern auch ihre Pfeile, die sie zum Bogenschießen brauchen. Sie haben die Federn selbst gesammelt und die Pfeile mit Hilfe eines Vaters hergestellt. Doch heute Morgen sind sie verschwunden. Jannis ist entsetzt: „Das können nur die Rotmützen gewesen sein!" Die Bande beratschlagt, was zu tun ist. Sie wollen das Haus des Anführers der Pfeildiebe beobachten. Vielleicht lässt sich ja eine rote Mütze von der Wäscheleine mopsen.

131 Wörter

1. Lernschritt

➔ *Lies die folgenden Sätze aufmerksam durch.*

➔ *Ist die Aussage inhaltlich richtig? Dann kreuze die Aussage an.*

(!) *<u>Achtung</u>: Du darfst jetzt nicht mehr im Text nachlesen!*

- -

Knicke das Blatt entlang dieser Linie nach hinten.

		Richtig X
1	Mit ihren Hunden haben Jannis und Nico eine Bande gegründet.	
2	Sie nennen sich die „Schwarzkäppis".	
3	Sie tragen alle ein schwarzes Cap, das wie angenagelt scheint.	
4	Sie bemogeln die Rotmützen schon, solange sie denken können.	
5	Der Kampfplatz der Banditen ist der Stadtpark.	
6	Die „Schwarzkäppis" haben eine Höhle unter einem Turm.	
7	Hier lagern sie ihre Pfeile, die sie zum Bogenschießen brauchen.	
8	Sie haben die Felle selbst gesammelt.	
9	Heute morgen sind die Pfeile verschwunden.	
10	Vielleicht lässt sich eine blaue Mütze von der Wäscheleine mopsen.	

KOHL VERLAG Der Leseprofi / Klasse 3 Intensives Training des sinnerfassenden Lesens – Bestell-Nr. 16 763

16 Höhle

2. Lernschritt

➔ *Beantworte die folgenden Fragen zum Lesetext sinngemäß.*

oder:

Unterstreiche im Lesetext die passenden Antworten. Schreibe am Rand den dazugehörigen Buchstaben daneben.

➔ *Schreibe in vollständigen Sätzen.*

a) Wer hat in der Straße eine Bande gegründet? ____________________

____

b) Weshalb heißen sie „Schwarzkäppis"? ____________________

____

c) Wo sind die Hauptquartiere? ____________________

____

d) Wie haben sie die Pfeile hergestellt? ____________________

____

e) Was vermutet Jannis über den Verbleib der Pfeile? ____________________

____

f) Was will die Bande tun? ____________________

____

g) Was wollen sie entwenden? ____________________

____

Zusatzaufgaben

- *Was haltet ihr von Straßenkämpfen? Diskutiert über das Für und Wider.*
- *Um welchen Konflikt geht es in der Geschichte? Schreibe auf.*

Der Leseprofi / Klasse 3
Intensives Training des sinnerfassenden Lesens – Bestell-Nr. 16 763
KOHL VERLAG

17 Tresore

Safeknacker-Janis und Sprengstoff-Juliane sind gelernte Tresorknacker. Diesmal haben sie sich eine große Sache vorgenommen. Mit diesem „Bruch" wollen sie soviel Geld klauen, dass sie sich auf den Bahamas niederlassen können. Lange haben sie auf diesen Einsatz hingearbeitet. In den letzten Tagen haben sie ihre Ausrüstung überprüft und die Schweißgeräte einsatzbereit gemacht. Es kann losgehen! „Hier stehen ja gleich mehrere Geldschränke", meint Safeknacker-Janis. „Dann machen wir eben alle leer", antwortet Sprengstoff-Juliane. Sie schweißen den ersten Tresor auf. Leer! Sie machen sich an den Zweiten. Auch der ist leer! „Verstehst du das?", raunt Juliane. Als sie auch den dritten und vierten Geldschrank leer vorfinden, da dämmert es Janis: „Meine Güte, sind wir doof! Wir sind in eine Tresorfabrik eingebrochen."

118 Wörter

1. Lernschritt

➔ *Lies die folgenden Sätze aufmerksam durch.*

➔ *Ist die Aussage inhaltlich richtig? Dann kreuze die Aussage an.*

(!) *Achtung: Du darfst jetzt nicht mehr im Text nachlesen!*

Knicke das Blatt entlang dieser Linie nach hinten.

Richtig 

1	Safeknacker-Janis und Sprengstoff-Juliane sind gelernte Tresorknacker.	
2	Mit diesem „Bruch" wollen sie soviel Geld klauen, dass sie sich auf den Philippinen niederlassen können.	
3	Sie haben nur kurz auf diesen Einsatz hingearbeitet.	
4	In den letzten Tagen haben sie ihre Ausrüstung überprüft.	
5	„Hier stehen ja gleich mehrere Geldschränke", meint Safeknacker-Janis.	
6	Sprengstoff-Juliane ist dafür, nur die größten Geldschränke zu leeren.	
7	Der erste aufgeschweißte Tresor ist leer.	
8	„Ist ganz sonnenklar", raunt Juliane.	
9	Janis dämmert es, als sie auch den dritten und vierten Geldschrank leer vorfinden.	
10	Sie sind aus dem Gefängnis ausgebrochen.	

Der Leseprofi / Klasse 3 – Bestell-Nr. 16 763
Intensives Training des sinnerfassenden Lesens
KOHL VERLAG

17 Tresore

2. Lernschritt

➔ *Beantworte die folgenden Fragen zum Lesetext sinngemäß.*

oder:

Unterstreiche im Lesetext die passenden Antworten. Schreibe am Rand den dazugehörigen Buchstaben daneben.

➔ *Schreibe in vollständigen Sätzen.*

a) Was sind Safeknacker-Janis und Sprengstoff-Juliane? ______________________

____

b) Was wollen sie mit diesem „Bruch" erreichen? ______________________

____

c) Was haben sie in den letzten Tagen getan? ______________________

____

d) Was meint Safeknacker-Janis zu den Geldschränken? ______________________

____

e) Was möchte Sprengstoff-Juliane mit den Geldschränken machen?

____

f) Was ist der erste Tresor? ______________________

____

g) Wieso meint Janis: „Meine Güte, sind wir doof."? ______________________

____

Zusatzaufgaben

- *Kennt ihr noch andere Geschichten oder Erlebnisse, die ein Ende haben, bei dem die Menschen über sich selbst „lachen" müssen? Erzählt euch gegenseitig.*
- *Schreibe ein mögliches Ende zu der Geschichte.*

Der Leseprofi / Klasse 3 – Bestell-Nr. 16 763
Intensives Training des sinnerfassenden Lesens
Lernen mit Erfolg KOHL VERLAG

18 Die Feuerwehr

Feuerwehrmänner tragen eine blaue Uniform. In großen Städten gibt es die Berufsfeuerwehr. Auf dem Land sind freiwillige Feuerwehrleute im Einsatz. Alle haben einen anderen Beruf und rücken aus, wenn die Sirene heult. Schnell machen sie sich für ihren Einsatz fertig: Sie ziehen die Sicherheitsstiefel an, schnallen den Gürtel mit dem Feuerwehrbeil um, setzen den Helm mit Gesichts- und Nackenschutz auf und stülpen sich die Sicherheitshandschuhe über. Auf dem Rücken tragen sie die Atemluftflasche und eine Atemmaske. So ausgerüstet kann die Feuerwehr ihren Aufgaben nachgehen: Retten, Löschen, Bergen und Schützen. Die Hauptaufgabe ist das Löschen von Bränden. Die Feuerwehr rettet auch Tiere, die in Not geraten sind. Fahrzeuge, die auf Autobahnen umkippen, werden mit Kranwagen geborgen. Bei einer Sturmflut rettet die Feuerwehr Menschen aus ihren Häusern.

127 Wörter

1. Lernschritt

- ➔ *Lies die folgenden Sätze aufmerksam durch.*
- ➔ *Ist die Aussage inhaltlich richtig? Dann kreuze die Aussage an.*

(!) *Achtung: Du darfst jetzt nicht mehr im Text nachlesen!*

Knicke das Blatt entlang dieser Linie nach hinten.

Richtig 

Nr.	Aussage	Richtig
1	Feuerwehrmänner tragen eine grüne Uniform.	
2	In allen Dörfern gibt es eine Berufsfeuerwehr.	
3	In den Städten sind freiwillige Feuerwehrleute Tag und Nacht im Einsatz.	
4	Sie rücken aus, wenn die Sirene heult.	
5	Sie machen sich in aller Ruhe für ihren Einsatz fertig.	
6	Auf dem Rücken tragen sie die Atemluftflasche und eine Atemmaske.	
7	Die Aufgaben der Feuerwehr sind: Retten, Löschen, Bergen und Schützen.	
8	Die Hauptaufgabe ist das Retten von Tieren.	
9	Die Feuerwehr rettet auch Tiere, die in Not geraten sind.	
10	Bei einer Sturmflut ist die Feuerwehr nicht zuständig.	

KOHL VERLAG
Der Leseprofi / Klasse 3
Intensives Training des sinnerfassenden Lesens – Bestell-Nr. 16 763

18 Die Feuerwehr

2. Lernschritt

➔ *Beantworte die folgenden Fragen zum Lesetext sinngemäß.*

oder:

Unterstreiche im Lesetext die passenden Antworten. Schreibe am Rand den dazugehörigen Buchstaben daneben.

➔ *Schreibe in vollständigen Sätzen.*

a) Welche Farbe hat die Uniform der Feuerwehrmänner? ______________________

____

b) Wo gibt es die Berufsfeuerwehr? ______________________

____

c) Was tragen die Feuerwehrleute auf dem Rücken? ______________________

____

d) Welche Aufgaben hat die Feuerwehr? ______________________

____

e) Was ist die Hauptaufgabe der Feuerwehr? ______________________

____

f) Wie werden Fahrzeuge, die auf der Autobahn umkippen, geborgen?

____

g) Was macht die Feuerwehr bei einer Sturmflut? ______________________

____

Zusatzaufgaben

- *Was wäre, wenn es keine Feuerwehr mehr geben würde?*
- *Beschreibe, wie das Aussehen eines vollständig ausgerüsteten Feuerwehrmannes ist.*

Der Leseprofi / Klasse 3 – Bestell-Nr. 16 763
Intensives Training des sinnerfassenden Lesens
KOHL VERLAG

19 Der Klempner

Hermann Rohr, der Klempnermeister, hatte auch heute wieder viel zu tun. Verstopfte Rohre reinigen, in einem Neubau die Toiletten und Waschbecken anschließen und leider hatte auch seine Sekretärin heute ihren freien Tag. Er hatte schon sein Werkzeug zusammengepackt, war auf dem Weg zur Tür, als das Telefon erneut klingelte. „Hier Weber, wir haben eine Überschwemmung. Bitte kommen Sie schnell!". „Drehen Sie den Haupthahn zu", antwortete Herr Rohr, „ich werde mich beeilen." ‚So schlimm kann das nicht sein', dachte er bei sich, als er die Kunden besuchte, die als erste auf seiner Liste standen. Am Nachmittag erreichte er die Surf- und Tauchschule Weber und sah entsetzt, dass ihm das Wasser bereits unter der Tür entgegenfloss. Als ihm Herr Weber im Taucheranzug entgegenschwamm, um die Haustür zu öffnen, meinte er verdattert. „Sie hätten mir sagen sollen, dass es so dringend ist!"

139 Wörter

1. Lernschritt

➔ *Lies die folgenden Sätze aufmerksam durch.*
➔ *Ist die Aussage inhaltlich richtig? Dann kreuze die Aussage an.*

(!) *Achtung: Du darfst jetzt nicht mehr im Text nachlesen!*

Knicke das Blatt entlang dieser Linie nach hinten.

Richtig 

Nr.	Aussage	Richtig
1	Hermann Rohr hatte auch heute wenig zu tun.	
2	Leider hatte seine Sekretärin heute ihren freien Tag.	
3	Er war auf dem Weg zur Bushaltestelle, als es klingelte.	
4	Hermann Rohr solle schnell kommen, denn Webers hätten eine Überschwemmung.	
5	„Drehen Sie den Haupthahn zu", antwortete Herr Rohr.	
6	Am Nachmittag erreichte er die Baumschule Weiler.	
7	Er sah entsetzt, dass ihm das Wasser unter der Haustür entgegenfloss.	
8	Herr Weber schwamm ihm im Taucheranzug entgegen.	
9	Er meinte verdattert: „Sie hätten mir sagen sollen, dass es so dringend ist!"	
10	Hermann Rohr machte sich sofort an die Arbeit.	

KOHL VERLAG Der Leseprofi / Klasse 3 – Bestell-Nr. 16 763
Intensives Training des sinnerfassenden Lesens

19 Der Klempner

2. Lernschritt

➔ *Beantworte die folgenden Fragen zum Lesetext sinngemäß.*

oder:

Unterstreiche im Lesetext die passenden Antworten. Schreibe am Rand den dazugehörigen Buchstaben daneben.

➔ *Schreibe in vollständigen Sätzen.*

a) Was ist mit Hermann Rohrs Sekretärin? ______________________________

____

b) Was passierte, als er auf dem Weg zur Tür war? ______________________

____

c) Wieso sollte Hermann Rohr schnell zu Webers kommen? ________________

____

d) Was dachte sich Hermann Rohr? __________________________________

____

e) Wann erreichte er die Surf- und Tauchschule? ________________________

____

f) Was sah Hermann Rohr an der Surf- und Tauchschule entsetzt?

____

g) Wie öffnete Herr Weber ihm die Türe? ____________________________

____

Zusatzaufgaben

- *Habt ihr schon einmal einen Wasserrohrbruch oder eine ähnliche Panne bei euch zu Hause erlebt?*
- *Welche Aufgaben hat ein Klempner? Recherchiere und schreibe auf.*

Der Leseprofi / Klasse 3
Intensives Training des sinnerfassenden Lesens – Bestell-Nr. 16 763
KOHL VERLAG

20 Parkplatz

Anja ist ein niedliches, kleines Mädel. Immer hält sie ihre Eltern auf Trapp. Besonders in den Abendstunden fallen ihr immer wieder Spiele ein, mit denen sie das Zubettgehen herauszögern kann. Ihr Vater fällt aber auf ihre Tricks herein. Sie hat ihm schon eine Schachpartie angeboten, auf die er Revanche* fordern „musste". An dem Abend ist sie erst um 22.00 Uhr im Bett gewesen. Mit der Taschenlampe liest sie unter der Bettdecke oft bis spät in die Nacht hinein. „Es gibt ja so tolle Kinderbücher", findet sie. Heute soll sie aber mal früher ins Bett gehen. Das hat sich ihr Papa vorgenommen. Sie kurvt schon eine ganze Weile mit ihrem Roller durch die Wohnung. „Jetzt ist aber Schluss, du solltest doch längst im Bett liegen!", schimpft ihr Vater. „Ja, Papi", kommt die freche Antwort, „ich finde aber keinen Parkplatz!"

*ein neues Spiel um den Sieg

139 Wörter

1. Lernschritt

➔ *Lies die folgenden Sätze aufmerksam durch.*

➔ *Ist die Aussage inhaltlich richtig? Dann kreuze die Aussage an.*

(!) *Achtung: Du darfst jetzt nicht mehr im Text nachlesen!*

Knicke das Blatt entlang dieser Linie nach hinten.

Richtig 

		Richtig
1	Anja ist eine niedliche kleine Katze.	
2	Sie hält alle Mäuse auf Trab.	
3	Abends zögert sie das Zubettgehen gerne hinaus.	
4	Ihr Vater fällt auf ihre Tricks herein.	
5	Auf ihre Schachpartie gibt es keine Revanche.	
6	Mit der Taschenlampe liest sie bis morgens früh.	
7	Sie findet, es gibt nur schlechte Kinderbücher.	
8	Heute soll sie mal früher ins Bett gehen.	
9	Ihr Vater schimpft: „Jetzt ist aber Schluss, du solltest doch längst in der Badewanne sein!"	
10	Anjas freche Antwort ist: „Ich finde aber keinen Parkplatz!"	

Der Leseprofi / Klasse 3 – Intensives Training des sinnerfassenden Lesens – Bestell-Nr. 16 763
KOHL VERLAG

20 Parkplatz

2. Lernschritt

➔ *Beantworte die folgenden Fragen zum Lesetext sinngemäß.*

oder:

Unterstreiche im Lesetext die passenden Antworten. Schreibe am Rand den dazugehörigen Buchstaben daneben.

➔ *Schreibe in vollständigen Sätzen.*

a) Was ist Anja? ______________________________

____

b) Womit zögert sie das Zubettgehen in den Abendstunden hinaus?

____

c) Was bot Anja ihrem Vater an? ______________________________

____

d) Was macht sie mit der Taschenlampe? ______________________________

____

e) Was denkt Anja über Kinderbücher? ______________________________

____

f) Wer hat sich vorgenommen, dass sie heute mal früher ins Bett gehen soll?

____

g) Welche freche Antwort gibt Anja ihrem Vater? ______________________________

____

Zusatzaufgaben

- *Findet ihr es sinnvoll, zu bestimmten Zeiten ins Bett zu gehen? Welche Vorteile und welche Nachteile ergeben sich?*
- *Welche Tricks würden dir einfallen, um das Zubettgehen hinauszuzögern? Denke dir mindestens 4 weitere Ideen aus.*

Der Leseprofi / Klasse 3 – Bestell-Nr. 16 763
Intensives Training des sinnerfassenden Lesens
KOHL VERLAG

21 Eisberge

Gewaltige Eismassen und Gletscher bedecken die Polargebiete. Eisberge entstehen, wenn der Gletscher „kalbt", das heißt an den Rändern der Gletscher Eismassen abbrechen. Die „Kälber" treiben davon und können weit nach Süden gelangen, bevor sie geschmolzen sind. Sie treffen dabei auch auf die Routen der Seeschiffe. Die Titanic ist gesunken, weil sie einen Eisberg rammte. Gefährlich sind die Eisberge, weil nur die Spitze aus dem Wasser ragt. Neun Zehntel des Eisbergs sind unter Wasser. Er schwimmt, weil Eis leichter als Wasser ist. Er hat aber auch eine viel größere Ausdehnung als Wasser. Um die Schifffahrt zu schützen, gibt es auf den Weltmeeren einen Eisberg-Warndienst.

103 Wörter

1. Lernschritt

➔ *Lies die folgenden Sätze aufmerksam durch.*

➔ *Ist die Aussage inhaltlich richtig? Dann kreuze die Aussage an.*

(!) *Achtung: Du darfst jetzt nicht mehr im Text nachlesen!*

Knicke das Blatt entlang dieser Linie nach hinten.

Richtig 

		Richtig
1	Gewaltige Geröllmassen und Eiskugeln bedecken die Polargebiete.	
2	Eisberge entstehen, wenn an den Rändern der Gletscher Eismassen abbrechen.	
3	Diese „Kälber" können mit nach Norden gelangen, bevor sie geschmolzen sind.	
4	Sie treffen dabei auch auf die Routen der Eisbären.	
5	Die Titanic ist gesunken, weil sie einen Wal rammte.	
6	Gefährlich sind die Eisberge, weil nur die Spitze aus dem Wasser ragt.	
7	Zehn Hundertstel des Eisbergs sind unter Wasser.	
8	Er schwimmt, weil Wasser leichter ist als Luft.	
9	Er hat aber auch eine viel kleinere Ausdehnung als Wasser.	
10	Es gibt auf den Weltmeeren einen Wal-Warndienst, um die Schifffahrt zu schützen.	

KOHL VERLAG Der Leseprofi / Klasse 3 Intensives Training des sinnerfassenden Lesens – Bestell-Nr. 16 763

21 Eisberge

2. Lernschritt

➔ *Beantworte die folgenden Fragen zum Lesetext sinngemäß.*

oder:

Unterstreiche im Lesetext die passenden Antworten. Schreibe am Rand den dazugehörigen Buchstaben daneben.

➔ *Schreibe in vollständigen Sätzen.*

a) Was bedeckt die Polargebiete? ____________________

____

b) Wie entstehen Eisberge? ____________________

____

c) Worauf treffen sie dabei auch? ____________________

____

d) Weshalb ist die Titanic gesunken? ____________________

____

e) Warum sind Eisberge gefährlich? ____________________

____

f) Was sind neun Zehntel des Eisbergs? ____________________

____

g) Was gibt es, um die Schiffahrt zu schützen? ____________________

____

Zusatzaufgaben

- *Stellt Vermutungen an, wieso die Titanic gegen den Eisberg fuhr.*
- *Wie entstehen die „Kälber"?*

22 Dünen

Sie bestehen aus Abermilliarden zusammengewehter Sandkörner. In Wüsten können sie mehrere hundert Meter hoch werden. Sie können wandern und werden geboren. Klingt fast wie ein Lebewesen. Daran ist der Wind beteiligt: Zuerst weht der Wind Sand gegen eine Pflanze, Strandgras zum Beispiel. Dort bleiben die Sandkörnchen hängen. Es kommen immer mehr hinzu, denn der Wind weht ständig. So entsteht langsam eine Baby-Düne. Es kann Jahre dauern, bis daraus eine mehrere Meter hohe Düne wird, je nachdem wie stark und lange der Wind weht. Gibt es einen schweren Sturm kann es auch nur wenige Stunden dauern. Aber woher kommt der ganze Sand? Aus dem Meer! Die Wellen wühlen den Meeresboden auf und spülen den Sand ans Ufer. Bei Ebbe liegt er frei und der Wind kann ihn mit auf seine Reise nehmen.

132 Wörter

1. Lernschritt

➔ *Lies die folgenden Sätze aufmerksam durch.*
➔ *Ist die Aussage inhaltlich richtig? Dann kreuze die Aussage an.*

(!) *Achtung: Du darfst jetzt nicht mehr im Text nachlesen!*

Knicke das Blatt entlang dieser Linie nach hinten.

Richtig 

1	Dünen bestehen aus Abermilliarden zusammengewehter Sandkörner.	
2	In Wüsten können sie mehrere hundert Meter hoch werden.	
3	Sie können wandern und werden aufgeschaufelt.	
4	Zuerst weht der Wind Sand gegen eine Pflanze, Sandgras zum Beispiel.	
5	Es kommen immer weniger hinzu, da der Wind ständig weht.	
6	Es kann mehrere Jahre dauern, bis daraus eine mehrere Meter hohe Düne wird.	
7	Gibt es einen schweren Sturm, kann es noch Jahre werden.	
8	Der ganze Sand kommt aus dem Steinbruch.	
9	Die Wellen wühlen den Meeresboden auf.	
10	Bei Flut liegt er frei und der Wind kann ihn mit auf seine Reise nehmen.	

Der Leseprofi / Klasse 3
Intensives Training des sinnerfassenden Lesens – Bestell-Nr. 16 763
KOHL VERLAG

22 Dünen

2. Lernschritt

➔ *Beantworte die folgenden Fragen zum Lesetext sinngemäß.*

oder:

Unterstreiche im Lesetext die passenden Antworten. Schreibe am Rand den dazugehörigen Buchstaben daneben.

➔ *Schreibe in vollständigen Sätzen.*

a) Wie hoch können die Dünen in Wüsten werden? ______________________

____

b) Was macht der Wind zuerst mit dem Sand? ______________________

____

c) Was kann mehrere Jahre dauern? ______________________

____

d) Wann kann das Entstehen der Sanddüne nur wenige Stunden dauern?

____

____

e) Woher kommt der ganze Sand? ______________________

____

f) Wann kann der Wind den Sand mit auf seine Reise nehmen?

____

____

Zusatzaufgaben

- *Recherchiert über die Dünen in den Wüsten.*
- *Erkläre mit eigenen Worten, wie eine Düne entsteht.*

Der Leseprofi / Klasse 3
Intensives Training des sinnerfassenden Lesens – Bestell-Nr. 16 763
KOHL VERLAG

23 Der Däumling / Teil 1 *(nach den Brüdern Grimm)*

Der Däumling hatte gerade das Pferd zu seinem Vater nach Haus gelenkt. Er hatte ihm die Befehle ins Ohr geflüstert. Der Vater nahm seinen kleinen Sohn, den er auch sein Herzblatt nannte, in die Hand. Zwei Fremde hatten die Szene beobachtet und sagten sich: „Den kleinen Mann könnten wir auf Jahrmärkten ausstellen, so könnten wir unser Glück machen". Sie baten den Vater, seinen Sohn zu verkaufen. Der lehnte zunächst ab. Aber Däumling riet ihm zu: „Verkaufe mich ruhig. Wenn die Zeit gekommen ist, werde ich weglaufen und zu dir zurück kommen. Das Geld können wir gut gebrauchen." Gesagt – getan. Die beiden Fremden grinsten sich zu, denn sie dachten, sie hätten ein gutes Geschäft gemacht. Der Däumling winkte seinem Vater von der Hutkrempe des einen Wanderers aus zu.

Als es dämmerte, wurde der Däumling auf der Hutkrempe unruhig. „Nehmt mich herunter, ich muss mal." Der Mann antwortete: „Bleib nur oben, es stört mich nicht. Die Vögel lassen mir auch mal etwas auf den Hut fallen." Der Däumling aber blieb stur: „Ich weiß doch, was sich gehört. Hebt mich bitte schnell herunter." Der Hut wurde abgenommen und vorsichtig ins Gras gesetzt. Däumling hüpfte zwischen den Erdbrocken hin und her und tat so, als suche er die beste Stelle für sein kleines Geschäft. Da verschwand er auch schon in einem Mauseloch, das er sich für seine Flucht ausgewählt hatte. „Gute Nacht! Geht nur ohne mich weiter. Aus eurem Geschäft wird wohl nichts", rief der Däumling schadenfroh. Die beiden Männer stocherten wütend in dem Mauseloch herum, aber der Däumling verkroch sich immer weiter in dem Mauseloch. Da es dunkelte, mussten die beiden wütend abziehen.

270 Wörter

1. Lernschritt

→ *Lies die folgenden Sätze aufmerksam durch.*

→ *Ist die Aussage inhaltlich richtig? Dann kreuze die Aussage an.*

(!) *Achtung: Du darfst jetzt nicht mehr im Text nachlesen!*

Knicke das Blatt entlang dieser Linie nach hinten.

Richtig 

Nr.	Aussage	Richtig
1	Der Däumling hatte gerade das Auto zu seinem Vater nach Hause gelenkt.	
2	Der Vater nannte seinen kleinen Sohn auch seinen Liebling.	
3	Zwei Freunde sagten sich, den kleinen Mann wollten sie im Museum ausstellen.	
4	Der Vater verkaufte seinen Sohn, ohne zu zögern.	
5	Als es Tag wurde, wurde der Däumling im Rucksack unruhig.	
6	Der Däumling blieb stur: „Ich weiß doch, was sich gehört. Hebt mich bitte schnell herunter!"	
7	Der Hut wurde abgenommen und eilig auf eine Mauer gelegt.	
8	Däumling verschwand in einem Mauseloch, das er sich für seine Flucht ausgewählt hatte.	
9	Er sagte zu den beiden: „Aus eurem Geschäft wird wohl nichts."	
10	Die beiden suchten ihn, bis sie ihn endlich erwischt hatten.	

Der Leseprofi / Klasse 3
Intensives Training des sinnerfassenden Lesens – Bestell-Nr. 16 763
KOHL VERLAG

23 Der Däumling / Teil 1 *(nach den Brüdern Grimm)*

2. Lernschritt

➔ *Beantworte die folgenden Fragen zum Lesetext sinngemäß.*

oder:

Unterstreiche im Lesetext die passenden Antworten. Schreibe am Rand den dazugehörigen Buchstaben daneben.

➔ *Schreibe in vollständigen Sätzen.*

a) Was hatte Däumling dem Pferd ins Ohr geflüstert? ____________________

____

b) Wie nannte der Vater seinen Sohn? ____________________

____

c) Was wollten die zwei Freunde, die die Szene beobachtet hatten, mit dem kleinen Mann machen?

____

____

d) Was baten sie den Vater? ____________________

____

e) Was riet Däumling seinem Vater? ____________________

____

f) Was hatte er sich für seine Flucht ausgewählt? ____________________

____

g) Warum mussten die beiden wütend abziehen? ____________________

____

Zusatzaufgaben

- *Kennt ihr weitere Märchen der Gebrüder Grimm? Schaut in euren Märchenbüchern nach und lest euch die Texte gegenseitig vor.*
- *Welchen Plan hatte Däumling schon gefasst, als er seinem Vater riet, zu verkaufen?*

Der Leseprofi / Klasse 3 – Bestell-Nr. 16 763
Intensives Training des sinnerfassenden Lesens
KOHL VERLAG

24 Der Däumling / Teil 2 *(nach den Brüdern Grimm)*

Nachdem Däumling den beiden Fremden, die ihn von seinem Vater gekauft hatten, entwischt war, erlebte er etliche Abenteuer. Däumling wurde von Pastors Kuh und danach von dem Wolf gefressen. Nun war es an der Zeit, nach Hause zurückzukehren. Aus dem Magen des Wolfes hatte Däumling dem zugerufen, wo er noch mehr Futter finden könnte. Das gewitzte Kerlchen hatte ihm die Vorratskammer seiner Eltern beschrieben. Mit der Gier des Wolfes hatte er gerechnet. Er fraß soviel, dass er sich mit Mühe auf den Beinen halten konnte. So passte er nicht mehr durch die Luke, durch die er herein gekommen war. Jetzt fing der Däumling an, im Bauch des Wolfes Krach zu schlagen: „Hierher, hier bin ich! Kommt und rettet mich!". Der Wolf befahl: „Ruhe, du weckst ja alle Leute im Haus." Aber das hatte er ja bezweckt. Seine Eltern rückten bewaffnet mit Axt und Sense an. Als sie die Stimme ihres Kindes hörten, erschlugen sie den Wolf, schnitten seinen Leib auf und befreiten Däumling. Den wollten sie nie wieder verkaufen.

171 Wörter

1. Lernschritt

➔ *Lies die folgenden Sätze aufmerksam durch.*

➔ *Ist die Aussage inhaltlich richtig? Dann kreuze die Aussage an.*

(!) *Achtung: Du darfst jetzt nicht mehr im Text nachlesen!*

Knicke das Blatt entlang dieser Linie nach hinten.

Richtig 

Nr.	Aussage	Richtig
1	Däumling war den beiden Fremden, die ihn von seinem Vater gekauft hatten, entwischt.	
2	Er wurde von Pastors Kuh gefressen.	
3	Es war an der Zeit, nach Hause zu gehen.	
4	Däumling hatte aus dem Magen des Wolfes erklärt, wo noch mehr Futter zu finden war.	
5	Er schickte ihn in eine Metzgerei.	
6	Der Wolf aß langsam und nur sehr wenig.	
7	Däumling begann, im Bauch des Wolfes Krach zu schlagen.	
8	Der Wolf bettelte Däumling an, ihm einen Ausgang zu zeigen.	
9	Seine Eltern erschlugen den Wolf, als sie die Stimme ihres Kindes hörten.	
10	Bei nächster Gelegenheit wollten sie Däumling wieder verkaufen.	

Der Leseprofi / Klasse 3 – Intensives Training des sinnerfassenden Lesens – Bestell-Nr. 16 763
KOHL VERLAG

24 Der Däumling / Teil 2 *(nach den Brüdern Grimm)*

2. Lernschritt

➔ *Beantworte die folgenden Fragen zum Lesetext sinngemäß.*

oder:

Unterstreiche im Lesetext die passenden Antworten. Schreibe am Rand den dazugehörigen Buchstaben daneben.

➔ *Schreibe in vollständigen Sätzen.*

a) Wem war der Däumling entwischt? ______________________________

____

b) Von wem wurde Däumling gefressen? ______________________________

____

c) Was hatte Däumling dem Wolf zugerufen? ______________________________

____

d) Womit hatte Däumling gerechnet? ______________________________

____

e) Wo passte der Wolf nicht mehr durch? ______________________________

____

f) Was fing Däumling im Bauch des Wolfes an? ______________________________

____

g) Was taten die Eltern, als sie die Stimme ihres Kindes hörten?

____

Zusatzaufgaben

- *Kennt ihr noch andere Erzählungen, Märchen, Geschichten oder Fabeln, in denen die Gier stärker als die Vernunft war?*
- *Welchen Plan hatte Däumling, sich aus dem Bauch des Wolfes zu befreien?*

Der Leseprofi / Klasse 3 – Bestell-Nr. 16 763
Intensives Training des sinnerfassenden Lesens
KOHL VERLAG

25 Die Honigbiene

Wir alle kennen die fleißige Honigbiene, die von Blüte zu Blüte fliegt. Im Sommer sammeln die Bienen unermüdlich Nektar in der Blütenschicht. Da sie keine Taschen haben, müssen sie ihn in der Honigblase transportieren. Zurück im Bienenstock speien sie ihn aus. Die Bienen setzen dem Nektar in ihrer Honigblase einen körpereigenen Saft zu. Außerdem muss der am Anfang sehr wasserreiche Saft eingedickt werden. Dafür muss der Nektar einige Bienenmägen durchwandern. Zwischendurch wird er in Zellen gelagert und wenn er fertig ist, verschließen die Bienen die Honigzellen mit einem dünnen Wachsdeckel. Dann kommt der Imker und holt die Bienenwaben heraus. Für ein Glas Honig von 500 Gramm muss eine Biene mehr als 120.000 Kilometer fliegen, um den Nektar dafür einzusammeln!

119 Wörter

1. Lernschritt

➔ *Lies die folgenden Sätze aufmerksam durch.*
➔ *Ist die Aussage inhaltlich richtig? Dann kreuze die Aussage an.*

(!) *Achtung: Du darfst jetzt nicht mehr im Text nachlesen!*

Knicke das Blatt entlang dieser Linie nach hinten.

Richtig 

1	Die fleißige Honigbiene fliegt von Blüte zu Blüte.	
2	Im Frühling sammeln die Bienen unermüdlich den Nektar.	
3	Da sie keine Taschen haben, transportieren sie ihn in der Honigblase.	
4	Zurück am Bienenstock speien sie den Nektar aus.	
5	Die Bienen bilden den Honig schon in ihrer Honigblase.	
6	Der Nektar muss einige Bienenmägen durchwandern.	
7	Wenn der Honig fertig ist, verschließen die Bienen die Honigzellen mit einem dünnen Wachsdeckel.	
8	Dann kommt der Imker und holt die Bienen heraus.	
9	Eine Biene fliegt bis zu 120.000 Kilometer für die Honigproduktion.	
10	Nach der Produktion von einem Glas Honig stirbt eine Honigbiene.	

Der Leseprofi / Klasse 3
Intensives Training des sinnerfassenden Lesens – Bestell-Nr. 16 763
KOHL VERLAG

25 Die Honigbiene

2. Lernschritt

➔ *Beantworte die folgenden Fragen zum Lesetext sinngemäß.*

oder:

Unterstreiche im Lesetext die passenden Antworten. Schreibe am Rand den dazugehörigen Buchstaben daneben.

➔ *Schreibe in vollständigen Sätzen.*

a) In welcher Jahreszeit sammeln die Honigbienen den Nektar? ____________

____

b) Wo müssen sie dazu hinfliegen? ____________

____

c) Wie transportieren sie den Nektar? ____________

____

d) Was geschieht, wenn sie mit dem Nektar in den Bienenstock zurückkehren?

____

e) Was geschieht in der Honigblase der Bienen? ____________

____

f) Was muss mit dem Nektar geschehen, dass aus ihm Honig wird? ____________

____

g) Wie wird der in einer Honigzelle gelagerte fertige Honig verschlossen?

____

h) Wie weit muss eine Honigbiene fliegen, damit 500 Gramm Honig entstehen?

____

____

26 Feuer

Feuer ist für uns etwas Selbstverständliches. Aber es gab auch mal Zeiten, da wussten die Menschen nicht, wie Feuer entsteht und wie man damit umgeht. Erst vor etwa 800.000 Jahren begann der erste sinnvolle Umgang mit dem Feuer. Die Menschen entdeckten die Hilfe des Feuers in kleinen Schritten. Bald erkannten sie, dass das Fleisch der erlegten Tiere weicher und schmackhafter war, wenn man es an einem Stock über eine Feuerstelle hielt. Die Feuerstellen mussten bewacht werden, denn das Feuer durfte nicht ausgehen. Wie man Feuer selbst machte, kannten die Menschen noch nicht. Vor ungefähr 8000 Jahren gelang es den Menschen dann endlich, selbst Feuer herzustellen. Sie steckten einen harten Holzstab in die Mulde eines weichen Holzstückes. Durch die quirlende Bewegung entstand Reibung und damit Hitze. Das Holz begann zu glimmen. Sie gaben etwas trockenes Gras in die glimmende Mulde, das zu brennen begann.

143 Wörter

1. Lernschritt

➔ *Lies die folgenden Sätze aufmerksam durch.*

➔ *Ist die Aussage inhaltlich richtig? Dann kreuze die Aussage an.*

(!) *Achtung: Du darfst jetzt nicht mehr im Text nachlesen!*

Knicke das Blatt entlang dieser Linie nach hinten.

		Richtig X
1	Wir Menschen konnten schon immer mit Feuer umgehen.	
2	Feuer ist erst vor etwa 800.000 Jahren entstanden.	
3	Die Menschen entdeckten die Hilfe des Feuers in kleinen Schritten.	
4	Fleisch war schmackhafter und weicher, wenn man es an einem Stock über eine Feuerstelle hielt.	
5	Man musste sich von den gefährlichen Feuerstellen fernhalten.	
6	Das Feuer wurde bewacht, denn es durfte nicht ausgehen.	
7	Vor ungefähr 8000 Jahren gelang es dem Menschen erstmals, selbst Feuer herzustellen.	
8	Sie steckten einen weichen Holzstab zwischen zwei harte Steine.	
9	Durch quirlende Bewegung eines harten Holzstabes in der Mulde eines weichen Holzstückes entstand Hitze und es glimmte.	
10	Mit Hilfe von trockenem Gras begann die Mulde dann zu brennen.	

26 Feuer

2. Lernschritt

➔ *Beantworte die folgenden Fragen zum Lesetext sinngemäß.*

oder:

Unterstreiche im Lesetext die passenden Antworten. Schreibe am Rand den dazugehörigen Buchstaben daneben.

➔ *Schreibe in vollständigen Sätzen.*

a) Wie lang ist es her, dass die Menschen langsam lernten, mit Feuer umzugehen?

____

____

b) Dies geschah nicht schlagartig über Nacht, sondern wie? ______________

____

c) Was entdeckten die Menschen beim Umgang mit Fleisch? ______________

____

____

d) Warum wurden die Feuerstellen bewacht? ______________

____

e) Was gelang den Menschen dann vor etwa 8000 Jahren? ______________

____

f) Was benötigte man zur Herstellung von Feuer? ______________

____

g) Erkläre kurz, wie sich so Feuer machen ließ. ______________

____

____

KOHL VERLAG Lernen mit Erfolg
Der Leseprofi / Klasse 3
Intensives Training des sinnerfassenden Lesens – Bestell-Nr. 16 763

27 Das Häuschen aus Marzipan

An einem sonnigen Tag mitten im August ging eine ältere Frau in die Konditorei und bestellte etwas Besonderes, das es in dieser Konditorei gar nicht gab: ein Häuschen aus Marzipan. Sie beschrieb es sehr genau: „Ich möchte ein Dach mit Schornstein, und ich möchte die Türen des Häuschens auch öffnen können!" „Das lässt sich einrichten. Kommen Sie morgen wieder", antwortete der verdutzte, aber tatkräftige Konditor. Am nächsten Tag kam die Kundin wieder zur Konditorei. Sie hatte weitere Wünsche: „Ich träumte, das Häuschen sollte auch Fenster zum Öffnen haben." „Wird gemacht", antwortete der Konditor, „es dauert aber zwei Tage." Die ältere Frau richtete die Sträußchen an ihrem bunten Hut und ging. Der Konditor und seine Frau schauten sich an: Was sollte das werden? Es dauerte zwei Tage, dann kam die Kundin ins Geschäft gelaufen und rief ganz aufgeregt: „Es muss aber echter Rauch aus dem Schornstein kommen!" „Dafür bräuchte ich ein paar Tage", war die Antwort des tatkräftigen Konditors, den jetzt sein Ehrgeiz gepackt hatte. Am nächsten Tag war der Konditor mächtig stolz auf die Umsetzung aller sehr speziellen Wünsche der Kundin und fragte sie, als sie erneut im Laden stand: „Soll ich es denn ganz schick als Geschenk einpacken?" „Ach nein", erwiderte die Frau mit dem bunten Hut. „Das lohnt sich nicht. Ich habe das Häuschen in zehn Minuten ohnehin aufgegessen." Der Bäcker war nach fast einer Woche angestrengter Arbeit sprachlos, er schäumte regelrecht vor Wut!

236 Wörter

1. Lernschritt

➔ *Lies die folgenden Sätze aufmerksam durch.*

➔ *Ist die Aussage inhaltlich richtig? Dann kreuze die Aussage an.*

(!) *Achtung: Du darfst jetzt nicht mehr im Text nachlesen!*

- -

Knicke das Blatt entlang dieser Linie nach hinten.

Richtig 

Nr.	Aussage	Richtig
1	Eine ältere Frau kam in die Konditorei und bestellte etwas Besonderes.	
2	Sie wünschte ein Häuschen aus Nuss-Nougat-Creme.	
3	Sie sagte: „Ich möchte, dass ich die Türen des Häuschens öffnen kann."	
4	Der Konditor war bereit, der Kundin ihre Wünsche zu erfüllen.	
5	Die Kundin hatte weitere Wünsche: Auch die Fenster sollten zum Öffnen sein.	
6	Es dauerte 2 Wochen, dann kam die Kundin aufgeregt ins Geschäft gelaufen.	
7	„Es muss aber echter Rauch aus dem Schornstein kommen", war ihr Wunsch.	
8	Der Konditor verlor die Lust am Backen und wollte ablehnen.	
9	„Soll ich Ihnen die Fenster und Türen rot anstreichen?", fragte der Konditor.	
10	Am Ende war der Konditor sehr böse, er schäumte regelrecht vor Wut.	

27 Das Häuschen aus Marzipan

2. Lernschritt

➔ *Beantworte die folgenden Fragen zum Lesetext sinngemäß.*

oder:

Unterstreiche im Lesetext die passenden Antworten. Schreibe am Rand den dazugehörigen Buchstaben daneben.

➔ *Schreibe in vollständigen Sätzen.*

a) Welchen besonderen Wunsch hatte eine ältere Frau in einer Konditorei?

b) Wie lautete die erste Bescheibung des gewünschten Häuschens?

c) Am nächsten Tag kamen weitere Wünsche hinzu – welche?

d) Wie reagierte der Konditor auf all diese speziellen Wünsche?

e) Die Kundin äußerte einen dritten und letzten Wunsch – welchen?

f) Welche Frage stellte der Konditor der Kundin einige Tage später, als das Häuschen fertiggestellt war?

g) Wie lautete die Antwort der Kundin?

h) Wie reagierte der Konditor auf diese Antwort der Kundin?

Der Leseprofi / Klasse 3 Intensives Training des sinnerfassenden Lesens – Bestell-Nr. 16 763
KOHL VERLAG

28 Die Lösungen

Richtig X

	1	2	3	4	5	6	7	8	9	10
1	X		X		X		X	X		X
2	X		X	X				X	X	
3		X	X		X	X	X			X
4	X	X	X	X	X			X		
5			X		X			X	X	
6			X		X	X		X		X
7	X	X	X	X	X		X	X		X
8		X			X		X			X
9				X	X			X		X
10				X			X		X	X
11		X		X		X		X	X	X
12		X			X	X	X		X	
13			X			X		X		X
14	X				X	X	X			X
15		X	X		X		X			X
16		X					X		X	
17	X			X	X		X		X	
18				X		X	X		X	
19		X		X	X		X	X	X	
20			X	X				X		X
21		X				X				
22	X	X		X		X			X	
23						X		X	X	
24	X	X	X	X			X		X	
25	X		X	X		X	X		X	
26			X	X		X	X		X	X
27	X		X	X	X		X			X

KOHL VERLAG
Der Leseprofi / Klasse 3 – Bestell-Nr. 16 763
Intensives Training des sinnerfassenden Lesens

28 Die Lösungen

1 a) Man nannte sie früher „Walfische". b) Da sie lebende Junge zur Welt bringen, gehören sie zu den Säugetieren. c) Zu den Walen gehören auch die Delfine. d) Sie verständigen sich mit Sprachen, die die Forscher noch nicht entschlüsseln konnten. e) Es sind die Blauwale. f) Sie werden 30 Meter lang. g) Weil die Menschen sie so stark jagen.

2 a) Die Fischer fahren hinaus, wenn der Morgen dämmert. b) Sie benutzen ihre Einbäume. c) Sie legen Reusen aus Weidengeflecht in das Wasser. d) Sie finden nicht mehr heraus. e) Weil es sehr heiß ist, müssen die Fische bald gegessen werden. f) Sie werden an Stöcke gebunden. g) Eine Plastiktüte aus dem Supermarkt gibt es hier nicht.

3 a) Die Kaiser von China ließen mehrere hundert Jahre lang eine Mauer bauen. b) Die sollte sie vor Feinden schützen. c) Besonders die Reitervölker im Norden waren gefährlich. d) An manchen Stellen ist sie 12 m dick. e) In regelmäßigen Abständen stehen Wachtürme. f) Die Chinesische Mauer ist das einzige Bauwerk auf der Erde, das man vom Mond aus mit bloßem Auge sehen kann. g) Jetzt ist sie eine Attraktion für Touristen.

4 a) Sie nennen ihn auch Andi. b) Brüder können so gemein sein! c) Den Weg ins Schwimmbad geht Dörte heute das erste Mal alleine. d) Weil allein schwimmen ja langweilig ist. e) Sie haben einen Freund getroffen und bei ihm Eis gegessen. f) Die beiden haben für einen Tag Stubenarrest.

5 a) In den Bergen. b) Am Sonntagmorgen gibt es den Fischmarkt. c) Nein, dort gibt es alles. d) Man muss dafür früh aufstehen. e) Es geht schon um 6 Uhr los. f) Es herrscht dort ein solches Gedränge, dass man schnell verloren gehen kann. g) Das findet sie ziemlich doof.

6 a) Sie machen am Sonntag gerne einen besonderen Ausflug. b) Eine Rundfahrt mit einer Barkasse durch das Hafenbecken. c) Das ist ein Motorschiff, mit dem man ganz nah an die großen „Pötte" heranfahren kann. d) Elena liebt es, an Deck zu stehen und den Wind zu spüren, der ihr die Haare verwuschelt. e) Eine Lautsprecherstimme, die über die Schiffe berichtet, die im Hafen liegen. f) Er erzählt zwar viel Wahres, aber er hält auch gern mal seine Zuhörer zum Narren. g) Neulich hat er allen Ernstes behauptet, am Bananenschuppen würden die Bananen wieder gerade gebogen.

7 a) Die Stände, die jedes Jahr um die Kirchen der Stadt aufgebaut werden. b) Jeder will woanders hin. c) Yannik hat eine Vorliebe für Zuckerwatte und gebrannte Mandeln. d) Plötzlich steht Tamara allein vor einem Karussell. e) Panik beschleicht sie. f) Wer verloren geht, findet sich dort wieder ein, wo zuletzt alle zusammen waren. g) Sie tragen Weihnachtsmannmützen mit Blinklichtern.

8 a) Es sieht bedrückt drein. b) Das ist Inna, sie kommt aus Russland. c) Sie sitzt an Corinnas Gruppentisch. d) Sie versteht nur wenig Deutsch. e) Sie wollen Inna helfen. f) Sie malt den beiden ein wunderschönes V und C.

9 a) Es wird Brennball gespielt. b) Die Jungen spielen gegen die Mädchen. c) Er wirft sehr harte Bälle. d) Es gelingt ihnen nicht, Eugen zu treffen. e) Sie ist schnell und wendig. f) Er ärgert sich, dass er Inna nicht abwerfen kann. g) Die Mädchen gewinnen knapp, mit Innas Hilfe.

10 a) Corinnas Klasse will das Kuchenbüffett übernehmen. b) Es gibt Kaffee für die Eltern und Kaltgetränke für die Kinder. c) Sie helfen, die Tische zu decken, zu dekorieren und sie bewirten die Gäste. d) Inna fehlt noch. e) Sie hofft, dass Inna den wichtigen Termin nicht vergessen hat. f) Sie schiebt eine riesige Torte in den Saal. g) Die Torte ist ein Prachtstück.

11 a) Die Oma kommt zu Besuch aus dem Schwarzwald. b) Mit ihr kann sie so wunderbar malen und basteln. c) Corinna hat schon das Gefühl, die Lieblingsenkelin zu sein. d) Weil die Großmutter mit dem Zug kommt. e) Corinna bemerkt eine Frau, die ihr sehr ähnelt. f) Die Eltern haben gewusst, dass sie ihre Beine seit Wochen nicht mehr bewegen kann. g) Oma hofft, bald wieder gehen zu können.

12 a) Sein Feuer geht meistens schon nach kurzer Zeit aus. b) Sein Vater kann und weiß alles besser. c) Er überzeugt seine Mutter, dass er das Feuermachen übernehmen kann. d) Er macht extra feste Papierbällchen, zerreißt Pappe, probiert an der Lüftung alle Einstellungen durch und verwendet nur vorgetrocknetes Holz. e) Er ist sehr stolz auf sich.

Der Leseprofi / Klasse 3 – Bestell-Nr. 16 763
Intensives Training des sinnerfassenden Lesens
KOHL VERLAG

28 Die Lösungen

13 **a)** Sie wetteifern darum, wer am schnellsten das Kaminholz gespalten hat. **b)** Er soll das Beil am Holzscheit ansetzen. **c)** Bald liegt das gespaltene Holz im Haufen um den Hauklotz herum. **d)** Marek möchte ein Feuer machen. **e)** Die Wiesen sind schon feucht. **f)** Die Glühwürmchen tanzen um das Feuer.

14 **a)** Es erwachen einige muntere Wesen, ein Biber mit seiner Familie. **b)** Im Frühjahr kamen die Kleinen zur Welt. **c)** In diesem Jahr hat das Paar drei Junge. **d)** Die Biberfamilie lebt in einem Bau aus Ästen und Stöckchen. **e)** Die Biberburg ist mit Stroh und Blättern ausgelegt. Im Inneren ist es deshalb trocken und gemütlich. **f)** Sie verlassen den Bau immer zu mehreren. **g)** Sie schlagen mit ihrem breiten Schwanz auf das Wasser.

15 **a)** Viele Berge bilden ein Gebirge. **b)** Tiefe Täler liegen zwischen den Hängen. **c)** Je höher man in den Bergen hinaufwandert, desto kälter wird es. **d)** Die Bergsteiger helfen sich mit Sauerstoffmasken. **e)** Sie ist im Winter nicht wiederzuerkennen, da alles von Schnee bedeckt ist. **f)** Das Alpenschneehuhn ist im Sommer braun-grau. **g)** Nur so kann es sich vor den Feinden tarnen.

16 **a)** Jannis und Nico haben mit ihren Freunden eine Bande gegründet. **b)** Sie tragen alle immer ein schwarzes Cap. **c)** Die Hauptquartiere sind im Stadtpark. **d)** Sie haben Federn gesammelt und ein Vater hat ihnen bei der Herstellung geholfen. **e)** „Das können nur die Rotmützen gewesen sein!" **f)** Sie wollen das Haus des Anführers beobachten. **g)** Sie wollen eine rote Mütze klauen.

17 **a)** Sie sind gelernte Tresorknacker. **b)** Sie wollen soviel Geld klauen, dass sie sich auf den Bahamas niederlassen können. **c)** Sie haben ihre Ausrüstung überprüft und die Schweißgeräte einsatzbereit gemacht. **d)** „Hier stehen ja gleich mehrere Geldschränke." **e)** Sie möchte eben alle leer machen. **f)** Er ist leer! **g)** Weil sie in eine Tresorfabrik eingebrochen sind.

18 **a)** Feuerwehrmänner tragen eine blaue Uniform. **b)** In großen Städten gibt es die Berufsfeuerwehr. **c)** Auf dem Rücken tragen sie die Atemluftflasche und eine Atemmaske. **d)** Die Aufgaben sind Retten, Löschen, Bergen und Schützen. **e)** Die Hauptaufgabe ist das Löschen von Bränden. **f)** Sie werden mit Kranwagen geborgen. **g)** Bei einer Sturmflut rettet die Feuerwehr Menschen aus ihren Häusern.

19 **a)** Sie hat heute ihren freien Tag. **b)** Das Telefon klingelte erneut. **c)** Sie haben eine Überschwemmung. **d)** „So schlimm kann das nicht sein", dachte er bei sich. **e)** Er erreichte sie am Nachmittag. **f)** Er sah entsetzt, dass ihm das Wasser bereits unter der Tür entgegenfloss. **g)** Herr Weber schwamm ihm im Taucheranzug entgegen.

20 **a)** Anja ist eine niedliche, kleine Göre. **b)** Es fallen ihr immer wieder Spiele ein. **c)** Sie hat ihm schon eine Schachpartie angeboten. **d)** Mit der Taschenlampe liest sie unter der Bettdecke oft bis spät in die Nacht weiter. **e)** „Es gibt ja so tolle Kinderbücher", findet sie. **f)** Das hat sich ihr Papa vorgenommen. **g)** „Ja, Pappi", kommt die freche Antwort, „ich finde aber keinen Parkplatz!"

21 **a)** Gewaltige Eismassen und Gletscher bedecken die Polargebiete. **b)** Eisberge entstehen, wenn der Gletscher „kalbt", wenn an den Rändern der Gletscher Eismassen abbrechen. **c)** Sie treffen dabei auch auf die Route der Seeschiffe. **d)** Weil sie einen Eisberg rammte. **e)** Weil nur die Spitze aus dem Wasser ragt. **f)** Neun Zehntel eines Eisbergs sind unter Wasser. **g)** Es gibt auf den Weltmeeren einen Eisberg-Warndienst.

22 **a)** In Wüsten können sie mehrere hundert Meter hoch werden. **b)** Zuerst weht der Wind Sand gegen eine Pflanze. **c)** Bis daraus eine mehrere Meter hohe Düne wird. **d)** Gibt es einen schweren Sturm, kann es auch nur wenige Stunden dauern. **e)** Aus dem Meer. **f)** Bei Ebbe liegt er frei und der Wind kann ihn mit auf seine Reise nehmen.

23 **a)** Er hatte ihm die Befehle ins Ohr geflüstert. **b)** Der Vater nannte ihn auch sein Herzblatt. **c)** Sie sagten sich: „Den kleinen Mann könnten wir auf Jahrmärkten ausstellen, so könnten wir unser Glück machen." **d)** Sie baten den Vater, seinen Sohn zu verkaufen. **e)** Däumling riet ihm: „Verkaufe mich ruhig. Wenn die Zeit gekommen ist, werde ich weglaufen und zu dir zurückkommen. **f)** Da verschwand er auch schon in einem Mauseloch, das er sich für seine Flucht ausgewählt hatte. **g)** Da es dunkelte, mussten die beiden wütend abziehen.

24 **a)** Den beiden Fremden, die ihn von seinem Vater gekauft hatten. **b)** Däumling wurde von Pastors Kuh und danach von dem Wolf gefressen. **c)** Aus dem Magen des Wolfes hatte Däumling dem zugerufen, wo er noch mehr Futter finden könnte. **d)** Mit der Gier des Wolfes hatte er gerechnet. **e)** Er passte nicht mehr durch die Luke, durch die er hereingekommen war. **f)** Jetzt fing der Däumling an, im Bauch des Wolfes Krach zu schlagen. **g)** Als sie die Stimme ihres Kindes hörten, erschlugen sie den Wolf, schnitten seinen Leib auf und befreiten Däumling.

KOHL VERLAG Der Leseprofi / Klasse 3 Intensives Training des sinnerfassenden Lesens – Bestell-Nr. 16 763